청소년을
위한

개념 있는
언어생활

청소년을 위한 개념 있는 언어생활

초판 1쇄 펴냄 2021년 8월 20일
　　8쇄 펴냄 2024년 4월 5일

지은이 최형규

펴낸이 고영은 박미숙
펴낸곳 뜨인돌출판(주) | 출판등록 1994.10.11.(제406-251002011000185호)
주소 10881 경기도 파주시 회동길 337-9
홈페이지 www.ddstone.com | 블로그 blog.naver.com/ddstone1994
페이스북 www.facebook.com/ddstone1994 | 인스타그램 @ddstone_books
대표전화 02-337-5252 | 팩스 031-947-5868

ⓒ 최형규

ISBN 978-89-5807-847-0 03330

청소년을 위한

개념 있는 언어
생활

최형규 지음

뜨인돌

제1장 왜곡의 언어 : 어감으로 진실을 감추다

답정너! 판단을 강요하는 표현 ①

제2장 차별의 언어 : 무시와 배제가 빚어낸 말들

답정너! 판단을 강요하는 표현 ②

제3장 편견의 언어 : 언어에 덧씌워진 색안경

답정너! 판단을 강요하는 표현 ③

생각하는 대로 말할 것인가,
말하는 대로 생각할 것인가?

비트코인을 서로 다르게 부르는 이유

10여 년 전 고등학교에서 토론 수업을 진행했을 때의 일입니다. 토론 주제를 선정하고 학생들과 의견을 나누는 과정에서 재미있는 사실을 발견했습니다. 각자의 입장에 따라서 학생들이 사용하는 어휘에 미묘한 차이가 있었던 것이지요.

'안락사'를 주제로 찬반토론을 했을 때, 찬성하는 쪽에서는 줄곧 '존엄사(death with dignity)'라는 표현을 사용했습니다. 존엄한 죽음! 단어 속에 이미 지지와 찬성이 담겨 있지요. 반면 반대하는 쪽은 그 표현을 전혀 쓰지 않았습니다. 안락사의 문제점이나 부작용을 지적해야 하는데 굳이 그렇게 거룩한 단어를 동원할 필요가 없으니까 말입니다.

비슷한 상황을 TV 토론에서도 목격했습니다. 2019년, 비트코인 논쟁이 치열할 때였습니다. 비트코인 거래에 찬성하는 패널은 '암호화폐'라는 표현을, 반대하는 쪽에서는 '가상화폐'라는 표현을 사용하더군요.

이유는 짐작이 되시겠지요. 각각의 말이 갖는 느낌이 전혀 다르기 때문입니다. 암호화폐라고 하면 뭔가 최첨단 IT 기술이 동원된 하이테크의 느낌을 주지만, 가상화폐는 왠지 실체가 없는 허상 같은 느낌을 줍니다. 대다수 국민들에게 비트코인이 아직 생소하게 여겨지던 상황에서, 양쪽 패널 모두 자기에게 최대한 유리한 단어를 선택했던 것입니다.

의사소통은 매우 중요합니다. 주제를 놓고 벌이는 심각한 토론도, 업무와 관련된 기업의 회의도, 사회문제를 해결하기 위한 당사자들의 협의도, 친구들과의 재미있는 대화도 모두 의사소통입니다. 사람과 사람의 의사소통은 우리의 삶이 매끄럽게 돌아가게 해 주는 윤활유와 같습니다. 이때 반드시 전제되어야 할 것이 바로 공통의 단어입니다.

원만한 소통을 위해서는 사용하는 단어의 의미를 공유해야 합니다. 같은 단어를 다른 의미로 사용하거나 같은 의미를 다른 단어로 표현한다면 소통은 불가능합니다. TV 토론에서 자주 볼 수 있는 상황이지요. 서로 다른 세상만 이야기하고 맙니다. 그러므로 대화나 토론을 시작하기 전에 주제와 관련된 핵심 단어들을 통일시킬 필요가 있습니다. 그 과정 자체가 이미 토론의 시작이고, 거기에서 주도권을 잡기 위해 자기에게 유리한 말을 만들어 내기도 하는 것이지요.

안락사/존엄사, 가상화폐/암호화폐는 그렇게 만들어진 단어이며, 그래서 그 말들 속에 이미 찬성과 반대가 담기게 되는 것입니다. 상대가 사용하는 어휘를 보면 본격적인 토론을 하지 않더라도 그의 의견과 주장을 미리 짐작할 수 있지요. 단어 하나로 누군가의 생각을 읽을 수 있다는 게 놀랍지 않나요? 바로 이것이 말의 위력입니다.

2021년 4월, 일본이 후쿠시마 원전 오염수를 바다에 방류한다는 뉴스에 많은 나라들이 우려를 표시했고, 특히 일본과 근접한 우리나라는 발칵 뒤집혔습니다. 정부는 즉각 항의 성명을 발표하고 대책 마련에 나섰지요. 그런데 미국의 입장은 좀 다르네요. 미국 국무부는 일본 방사능 '처리수(treated water)'에 대해 "적절했다"고 논평했습니다. 일본 정부의 결정에 지지 의사를 밝힌 것입니다.

여기서 각국 정부의 태도를 일일이 평가하지는 않겠습니다. 옳고 그름을 떠나서, 각 나라가 사용하는 표현의 차이에 대해서만 살펴보려 합니다. 우리나라는 '오염수', 일본과 미국은 '처리수'라는 말을 사용합니다. 여러분은 그 차이가 느껴지십니까? 단어에 담긴 각 나라의 생각을 읽을 수 있나요?

일본이나 미국이 '오염수' 대신에 '처리수'라는 말을 사용한 이유는 분명합니다. 자신들의 주장이 정당하다는 것을 최대한 효과적으로 드러내기 위해서입니다. '오염수'는 이름 자체가 벌써 부정적이고 꺼림칙한 느낌을 줍니다. 반면 '처리수'는 뭔가 적절한 처리 과정을 거쳤다는 뉘앙스를 풍깁니다. 한, 미, 일 3국의 입장에서 어떤 표현이 더 설득력이 있는지는 굳이 따져 볼 필요도 없겠지요.

익숙한 말과 낯선 말

사회에서 널리 쓰이는 말에는 그 사회의 지배적인 가치관이 담겨 있기 마련입니다. 말을 만들어 내는 주체는 대부분 힘 있고 권력 있는 사람들이기 때문에, 그들의 생각이 언어에 그대로 반영되는 것이지요. '의식주(衣食住)'라는 말에는 먹는 것(食)보다 입는 것(衣)을 더 강조한 옛 사대부들의 체면 의식이 담겨 있고, '남녀노소(男女老少)'라는 말에는 남성과 연장자를 우선시하는 우리 사회의 가부장적 통념이 녹아 있습니다.

언어에 깃든 낡은 고정관념을 극복하려면 평소에 무심코 사용하는 말들을 꼼꼼하게 살펴봐야 합니다. 그 말이 차별이나 편견을 조장하고 인권을 침해하거나 폭력을 야기할 가능성이 있는 경우에는 더욱 그렇습니다. 하지만 우리는 이미 그런 말들에 너무나 익숙해져 있기 때문에 문제점을 깨닫기가 쉽지 않습니다.

직업에 대한 호칭만 해도 그렇습니다. 우리는 흔히 '의사 선생님'이나 '청소부 아저씨'라는 표현을 쓰곤 합니다. 거꾸로 '의사 아저씨'나 '청소부 선생님'이라고 부르면 어떤가요? 뭔가 어색하지요. 이 차이는 아주 중요합니다. 언어의 익숙함과 낯섦은 종종 한 사회의 권력구조와 연결되기 때문입니다. 여기서 말하는 '권력'은 정부를 뜻하는 게 아니라 기득권층, 즉 사회적 강자를 의미합니다. 의사 선생님과 청소부 아저씨라는 익숙한 표현에는 의사가 청소부보다 우월하고 귀한 존재라는 '익숙한' 차별의식이 담겨 있습니다.

기득권을 지닌 사람들이 만든 말, 혹은 그들의 시선과 이익이 반영된 말을 오랫동안 사용하다 보면 사회구성원 대다수가 거기에 익숙해집니다. 그런 상황에서 누군가 새로운 말을 쓰자고 제안하면 처음엔 당연히 어색하겠지요. 마치 오른손잡이가 왼손을 사용할 때의 어색함과 불편함이라 생각하면 이해가 쉬울 것 같습니다. 하지만 그걸 극복하지 못하면 그 말에 깃든 편견은 영영 사라지지 않습니다.

단어 하나 바꾸는 게 뭐 그리 중요하냐고, 그런다고 세상이 바뀌냐고 반문할 수도 있습니다. 그러나 언어는 한 사회의 의식구

조를 보여 주는 중요한 지표입니다. 말만 잘 들여다봐도 우리 사회 인권의식의 현주소를 파악할 수 있고, 말만 바꿔도 거기에 깃든 그릇된 사고방식을 바로잡을 수 있습니다. '불구자'가 장애인으로, '문둥이'가 한센병으로, '간질병'이 뇌전증으로 바뀐 것은 말에 깃든 혐오와 편견을 없애려는 노력의 결과입니다.

말이 바뀐다고 곧바로 세상이 바뀌지는 않지만 적어도 변화의 첫걸음은 뗄 수 있습니다. 바로 그게 말에 대한 고민과 실천이 필요한 이유입니다.

생각을 가두는 틀, 프레임

언어에는 세상을 바라보는 시선이 담겨 있습니다. '바라본다'는 것은 특정한 가치관과 일정한 방향을 의미합니다. 사람마다 생각이 다르니까 시선도 개인적인 것이라고 생각하기 쉽지만 그렇지 않습니다. "서는 곳이 다르면 풍경도 다르다"는 어느 웹툰의 대사처럼, 세상을 향한 우리의 시선은 사회구조의 영향을 많이 받게 됩니다. 그렇게 사회적으로 구조화된 시선을 가리켜 '프레임(frame)'이라고 부릅니다.

우린 어쩌면 색안경과도 같은 그 프레임을 통해 세상을 바라보고 있는지도 모릅니다. 가족이나 친구들과 개인적으로 주고받는 말들조차도 견고한 프레임의 영향력 아래 있다는 것이지요.

중요한 것은, 그 프레임을 누가 만드는가 하는 것입니다. 사회적 약자는 당연히 아니겠지요. 앞서 말했듯 언어에는 권력이 숨어 있으니까요. 남성 중심 사회에서는 여성이 아닌 남성의 언어가, 학교에서는 학생이 아닌 교사의 언어가, 기업에서는 노동자가 아닌 사용자의 언어가 더 널리 쓰입니다. 어떤 말들은 힘이 약한 존재를 차별하거나 억압하고 배제하는 수단으로 사용되기도 합니다.

이 책에서는 견고한 프레임에 갇혀 있는 차별과 편견, 왜곡의 언어들을 여러분과 함께 살펴보려 합니다. 단지 문제를 지적하는 데서 그치지 않고, 그런 말들을 대체할 수 있는 새로운 표현들에 대해 고민해 보려 합니다. 사회가 변하면 말이 변하듯, 말이 바뀌면 사회도 바뀔 거라고 믿기 때문입니다.

제1장에서는 어감으로 교묘하게 진실을 감추는 왜곡의 언어를 비판합니다. 몰카, 가짜 뉴스, 사랑의 매, 내부고발자 등 우리 사회에서 흔히 사용하는 10개의 단어들이 등장하지요. 그 단어들이 어떤 식으로 사실을 은폐하는지, 또는 축소하거나 과장하는지 알아보고 대안을 제시합니다.

제2장에서는 사회적 약자들을 무시하거나 배제하는 차별의 언어들을 살펴봅니다. 김여사, 장애우, 불법체류자, 노 키즈 존처럼 여성과 장애인, 이주노동자, 어린이 등을 차별하는 9개의 단어들이 등장합니다.

마지막 3장에서는 인간을 정상과 비정상으로 구분하고 이분법적으로 세상을 바라보는 편견의 언어들을 모았습니다. 미혼모, 저출산, 중도탈락, 중2병, 태극전사 등 10개의 단어를 통해 말에 덧씌워진 편견의 색깔을 드러내고 있습니다.

각 장의 끝에는 〈답정너! 판단을 강요하는 표현〉이라는 이름의 코너를 따로 마련했습니다. 우리 사회에서 일종의 관용구처럼 널리 사용되는 표현들 중 특정한 시각을 강요하는 대표적 사례들을 통해 그 속에 담긴 차별과 편견을 살펴보겠습니다.

어쩌면 말은 참 쉽습니다. 그러나 누구나 쉽게 툭툭 던지는 말속에 우리 사회의 민낯이 고스란히 담겨 있습니다. 권력의 유무, 이익과 손해, 차별과 편견, 배제와 포용, 존중과 무시, 적대와 환대 등 우리 모두의 삶과 관계가 담겨 있는 게 바로 말입니다.

그런 의미에서 말은 참 어렵기도 합니다. 그러므로 한마디 한마디를 신중하게 생각하고 신중하게 사용해야 합니다. 생각하는 대로 말하지 않으면 말하는 대로 생각하게 됩니다. 누군가가 만들어 놓은 프레임 속에서, 누군가가 칠해 놓은 색깔에 물든 채로 말입니다.

이 책이 여러분의 개념 있는 언어생활에 좋은 길잡이가 되면 좋겠습니다.

"몰카"

_____ 카메라는 죄가 없다

아래는 조선시대 화가 신윤복과 18세기 프랑스 화가 파테의
작품입니다. 둘은 비슷한 시기에 살았지만 사는 곳이 전혀 달랐
고 만나 본 적도 없을 것입니다. 그런데 둘 다 목욕하는 여성들

단오 풍경(신윤복)

목욕하는 여인(장 밥티스트 파테)

을 훔쳐보는 남성들의 모습을 그렸군요. 그러고 보면 훔쳐보기는 오늘날만의 문제가 아니고, 우리 사회만의 문제도 아닌 것 같습니다.

두 그림 모두 당시 사회를 풍자한 그림으로 알려져 있습니다. 풍자는 현실의 문제점을 직접 말하지 않고 빙빙 돌리거나 뭔가에 빗대어 유머러스하게 표현하는 방식입니다. 하지만 훔쳐보기는 풍자라는 고상한 말로 덮어 버릴 수 있는 행위가 결코 아닙니다. 조선시대나 18세기 프랑스에서는 어땠는지 모르겠지만, 지금은 엄연한 사생활 침해이며 중대한 범죄입니다. 자신의 욕망이나 쾌감을 위해 타인의 몸과 사생활을 엿보는 행위는 엄격하게 처벌받아야 합니다.

그럼에도 불구하고 포털 사이트에 '몰카'라 입력하니 우수수 쏟아지는 관련 기사들이 참 많습니다.

'시사 전망대 : OOO은 몰카 혐의와 관련해…'
'국경 없는 포차 OOO OOO 숙소 몰카 설치'
'동료 여생도 몰카 남 사관생도에 징역 2년'
'화장실에서 몰카 찍은 8급 공무원 파면'

최근 들어 이처럼 상대방의 몸을 몰래 촬영해 유포하는 범죄가 기승을 부리고 있습니다. 2018년의 '홍대 몰카 사건(홍익대학교 미술대학 누드 수업 시간에 남성 모델의 몸을 동료 여성 모델이 몰래 촬영한 사건)'처럼 여성이 남성의 몸을 촬영한 사례도 있기는 하지만, 이런 범죄의 피해자는 대부분 여성입니다. 앞서 본 그림에서 훔쳐보는 사람은 모두 남성이고 그 대상은 모두 여성들인 것처럼 말이지요.

주말이면 도심에서 몰카 범죄에 대한 경찰의 엄정한 수사를 요구하는 시위가 열리기도 합니다. 이런 집회가 열리고 여성들의 분노가 커지는 건 우리 사회에서 몰카 가해자에 대한 처벌이 너무 약하기 때문입니다. 남의 몸이나 사생활을 몰래 촬영하는 행위는 분명 심각한 범죄인데 처벌은 왜 솜방망이 수준일까요? 몰카라는 용어를 중심으로 살펴보겠습니다.

몰카는 '몰래카메라'를 줄인 말입니다. 우리가 일상적으로 쓰는 표현이고, 신문과 방송에서도 앞서 보았듯 관행적으로 몰카라는 단어를 사용하고 있습니다. 그러나 몰카로 인한 피해자들의 상처가 너무나 크고 심각하기 때문에, 용어를 사용할 때도 좀 더 신중하게 접근할 필요가 있어 보입니다.

대부분의 몰카는 중대한 성범죄이며 사생활 침해에 해당합니다. 그런데도 많은 사람들은 몰카를 범죄로 여기기보다는 일종의 '장난'으로 여기는 경향이 있습니다.

실제로 몰래카메라를 소재로 한 방송 프로그램이 큰 인기를 끌었던 적이 있지요. 오래전 일이라 여러분들은 잘 모를 수도 있겠지만, 1990년대 초에 〈이경규의 몰래카메라〉라는 TV 프로그램이 있었습니다. 연예인 몰래 주위에 카메라를 설치한 후 황당한 상황을 연출하고, 그 과정을 통해 시청자들에게 웃음을 주는 방식입니다. 당황해서 어쩔 줄 몰라 하는 스타들의 꾸밈없는 표정과 행동에 많은 시청자들이 열광했고 시청률도 어마어마했습니다. 이후 비슷한 프로그램들이 속속 등장했고, 이런 배경 때문에 몰카를 단순한 장난이나 해프닝 정도로 여기는 분위기가 만들어진 것 같습니다.

그러나 몰카는 장난이 아니라 범죄입니다. 그 심각성이 몰카라는 용어 때문에 가려진다면 이는 큰 문제가 아닐 수 없습니다. 물론 그건 몰래카메라 코너를 진행했던 방송인들의 잘못은 아닙니다. 오락 프로그램에서 사용했던 용어를 범죄 행위에 그대로 사용함으로써 문제의 심각성을 가려 온 언론의 책임이 가장 크고, 그 용어를 경각심 없이 가볍게 받아들인 우리들 역시 책임에서 자유로울 수 없습니다.

몰카는 성범죄나 사생활 침해라는 본질보다 수단에 초점을 둔 표현입니다. 그 행위의 범죄성을 정확히 드러내려면 '몰래'라는 장난스러운 표현보다는 '불법'이라는 강경한 표현이 필요하고, '카메라'라는 수단보다는 '촬영'이라는 행위에 초점을 맞춰야 합

니다. 행위를 강조하지 않고 수단만 드러내는 건 문제의 본질을 흐리게 할 뿐입니다.

카메라는 잘못이 없습니다. 인간이 만든 편리한 도구일 뿐입니다. 중요한 건 그걸 누가 어떤 용도로 사용하느냐는 것입니다.

칼은 유용한 주방 도구지만 범죄자에 의해 흉기로 사용되기도 합니다. 자동차는 편리한 교통수단이지만 음주 운전자로 인해 끔찍한 사고가 일어나기도 합니다. 그렇다고 칼이나 자동차에 책임을 물을 수는 없지요. 음주 운전이라 부르지 '음주 자동차'라고 하지는 않습니다. 카메라 역시 원래는 사진을 찍는 도구지만 누군가에 의해서는 추악한 범죄의 도구가 되기도 합니다. 이런 경우엔 도구가 아니라 그걸 이용한 행위에 초점을 두어야 마땅합니다.

처벌을 강화하기 위해서도 적합한 단어의 사용이 필요합니다. '성폭력범죄의 처벌 등에 관한 특례법' 제14조에 의하면, 성적 욕망 또는 수치심을 유발할 수 있는 타인의 신체를 그 의사에 반하여 촬영한 자에게는 5년 이하의 징역 또는 3천만 원 이하의 벌금을 부과하고 있습니다. 불법 촬영을 명백한 성범죄로 규정하고 있는 것이지요. 그렇다면 그 행위를 가리키는 표현도 지금보다 엄격하고 단호하게 바뀌어야 합니다. 특정 범죄에 대한 사회적 경각심이 높아질수록 처벌 수위 또한 높아질 테니까 말입니다.

하나의 용어가 만들어 내는 인식의 차이는 현실에서 엄청난 결과의 차이로 나타납니다. 말 한마디에 '장난'이 되기도 하고 '범죄'가 되기도 합니다. 이제부터라도 몰카는 불법 촬영으로, 몰카범은 불법 촬영범으로 바꾸어 불러야 하겠습니다.

"가짜 뉴스"

"선화 공주님은 남몰래 사귀어 서동 도련님을 밤에 몰래 안고 간다."

현재 전해지는 향가 중 가장 오래된 '서동요'의 내용입니다. 훗날 백제 무왕이 되는 서동이 신라 진평왕의 딸 선화공주와 결혼하기 위해 지어낸 노래로, 요즘으로 치면 가짜 뉴스라 할 수 있겠네요. 서동은 마을 아이들을 시켜 이 노래를 널리 퍼뜨렸고, 크게 노한 진평왕은 공주를 먼 곳으로 귀양 보내게 됩니다. 그 후 결국 서동은 공주와 결혼을 하게 되니 가짜 뉴스의 덕을 톡톡히 본 셈입니다.

'서동요'는 단지 재미있게 웃고 넘어갈 수 있는 옛날이야기일까요? 신라시대의 가짜 뉴스가 오늘날 등장한다면 어떤 일이 벌어질까요? 같이 한번 생각해 보겠습니다.

　　　구글이 가짜 뉴스에 대응하기 위해 설립된 유럽미디어정보기금(EMIF)에 2500만 달러(약 283억 2000만원)를 기부하기로 했다고 주요 외신이 31일 보도했다. (아시아경제 2021. 03. 31)

　　　경찰이 문재인 대통령의 코로나19 백신 접종과 관련한 '가짜 뉴스' 게시자를 입건했다. (대구뉴스 2021. 04. 08)

　　　이집트의 첫 여성 선장이 수에즈 운하 선박 좌초 사고가 자신 때문이라는 소문에 휘말려 곤욕을 치른 사연이 알려졌다. BBC 방송은 4일(현지 시간) 이집트의 첫 여성 선장 마르와 엘셀레흐다(29)가 수에즈 운하 사고 당시 가짜 뉴스에 휘말렸다고 보도했다. (한국경제 2021.04.05)

　위 인용문은 가짜 뉴스와 관련된 국내외 기사들 중 일부입니다. "대통령이 맞은 백신 주사기를 바꿔치기했다"거나 "백신을 맞으면 뇌에 칩을 심게 된다"는 등 전 세계적으로 코로나 백신 관련 가짜 뉴스들이 난무하고 있는데, 우리나라 방송통신심의 위원회에 심의 대기 중인 백신 관련 가짜 뉴스만 130여 건이 넘는다고 합니다.

가짜 뉴스가 대체 무엇이기에 이렇게 심각한 사회문제가 되고, 각국 정부는 왜 거금을 들여 이 문제를 해결하고자 하는 것일까요?

가짜 뉴스는 누군가의 이익을 위해 뉴스 형태로 만들어진 거짓 정보를 말합니다. 특정 개인이나 집단에 의해 교묘하게 조작된 가짜 뉴스는 진짜와 구분하기 어렵고, 진짜(진실)보다 더 자극적이고 놀라운 내용으로 포장되기 마련입니다. 그래야 많은 사람들이 관심을 보이고 적극적으로 퍼뜨리기 때문입니다. '서동요'가 신라 전역에 퍼진 것도 그 내용이 선정적이고 충격적이었기 때문이고, 사실 여부를 확인하기가 어려웠기 때문입니다.

오늘날 가짜 뉴스가 빠르게 확산되면서 여러 사회문제를 일으키는 이유도 바로 여기에 있습니다. 특히 인터넷이나 SNS를 통한 가짜 뉴스의 확산 속도는 상상을 초월할 정도입니다.

신문이나 방송이 한쪽으로 치우친 보도를 하거나 사실을 왜곡한 사례는 예전에도 자주 있었습니다. 그런데 유독 21세기에 가짜 뉴스가 급격하게 늘어난 이유는 무엇일까요? 예전에는 대규모 시설과 인력을 갖춘 언론사에서만 뉴스를 만들 수 있었지만, 지금은 간단한 장비만 있으면 누구나 뉴스의 생산과 유통이 가능하기 때문입니다. 유튜브 같은 개인 미디어 방송이 대표적입니다.

정보통신의 발달로 인해 뉴스 확산의 시간적·공간적·윤리적 제약이 허물어졌다는 점도 가짜 뉴스의 창궐과 관계가 있습니다. 지금은 24시간 내내 지구 어디서나 실시간으로 소식을 주고받을 수 있지요. 게다가 정규 언론에 적용되는 엄격한 법률이 유튜버나 개인 미디어에는 적용되지 않다 보니, 뉴스의 진위를 가리기가 점점 어려워지고 있습니다.

가짜 뉴스가 많이 만들어지는 배경에는 돈이 연관되어 있기도 합니다. 뉴스나 콘텐츠에 대한 대가는 대부분 광고를 통해 발생합니다. 구글의 경우 광고주가 중개업체에 광고비를 내면 중개업체가 콘텐츠에 광고를 삽입하는 방식으로 운영됩니다. 조회 수가 높은 콘텐츠일수록 더 많은 광고를 확보할 수 있지요. 개인 미디어 운영자들 중엔 구독자나 시청자들의 후원을 받아 내기 위해 고의로 허위 사실을 퍼뜨리는 경우도 드물지 않습니다.

가짜 뉴스들 중엔 단순히 세상의 관심을 끌기 위한 것도 있지만 특정 집단의 신념이나 이익을 위해 악의적으로 만들어지는 사례가 훨씬 많습니다. 그런 것들은 대개 소수자에 대한 혐오와 차별, 반민주적 선동 같은 폭력적인 내용을 담고 있는 경우가 대부분입니다. 홍수처럼 쏟아지는 정보 속에서 대중의 선택을 받으려면 내용이 최대한 자극적이어야 하기 때문입니다. 가짜 뉴스가 해로운 가장 큰 이유입니다.

이상한 것은, 가짜 뉴스로 인한 여론 왜곡이 갈수록 심해지는

데도 사람들이 이 문제를 별로 심각하게 받아들이지 않는다는 사실입니다. 왜 그럴까요? 여러 이유가 있겠지만 '가짜 뉴스'라는 용어도 한몫 거들고 있다고 봅니다. 이 용어가 갖는 뉘앙스가 실제 폐해에 비해 너무 가볍기 때문입니다. 어감이 진실을 가려 버리는 가장 대표적인 사례가 아닐까 싶습니다.

'가짜 뉴스'는 영어의 '페이크 뉴스(fake news)'를 그대로 옮긴 용어입니다. 그런데 영어권에서 'fake'는 '속임수'라는 의미로 자주 그리고 친근하게 사용하는 말입니다. 축구나 농구 경기를 보면 공격수가 상대 선수를 속이는 동작을 자주 보게 됩니다. 이걸 '페이크 모션(fake motion)'이라고 하지요. 수비를 따돌리는 절묘한 페이크에 관중들은 열광합니다. 스포츠에서 페이크는 선수가 반드시 갖추어야 할 일종의 기술에 해당합니다. 우리말에서도 '가짜'는 뭔가 부도덕하거나 불법이라는 느낌보다는 그저 '진짜가 아닌 모조품' 정도로 가볍게 치부되는 경향이 있습니다.

'가짜 뉴스'라는 말에 대한 법률적·사회적 정의도 분명하게 내려져 있지 않습니다. 때로는 단순한 오보를 가짜 뉴스라 부르기도 하고, 때로는 풍자나 장난처럼 여겨지기도 합니다. 정치인들의 경우 뭔가 자기들한테 불리한 내용이 나오면 일단 "그건 가짜 뉴스"라고 주장하는 게 관행이 되어 버렸습니다. 그러다 보니 가짜 뉴스가 의미하는 범주가 너무 넓어 그 심각성을 제대로 표현하기가 어렵습니다.

앞에서 말했듯 가짜 뉴스는 의도적이고 악의적으로 만들어진 거짓 정보이기 때문에 엄연한 범죄에 해당합니다. 조작된 기사가 불러일으키는 사회적 폐해를 생각한다면 가짜 뉴스를 단순 오보와 구분하여 그 범위를 엄밀하게 정해야 하고, 그걸 가리키는 용어 역시 좀 더 명확하게 바꿀 필요가 있습니다. 가볍고 장난스럽게 느껴지는 '가짜'라는 말 대신 '조작'이나 '허위' 또는 '기만' 같은 강한 뉘앙스의 단어가 포함되는 것이 바람직합니다.

가짜 뉴스를 단속하고 처벌하는 일이 일각에서 언론 통제로 잘못 이해되는 이유도 따지고 보면 '가짜'라는 말이 갖는 가벼움과 관련이 있습니다. '허위 정보 단속'이나 '조작 뉴스 처벌'이라고 하면 누구도 그걸 언론 탄압이라 여기고 반대할 리가 없을 테니까요.

'뉴스'라는 단어가 포함되는 것도 적절치 않습니다. 뉴스는 말 그대로 '새로운 소식'이며, 진실을 있는 그대로 담고 있어야 합니다. 그러나 '가짜'는 진실과 양립할 수 없는 단어입니다. '뉴스'와 '가짜'는 이렇듯 서로 모순이기 때문에 나란히 붙여서 사용할 수 없습니다. 지금까지 우리는 '뉴스=언론기관이 전해 주는 진실'이라고 여겨 왔기 때문입니다. '가짜'라는 단어가 앞에 붙는 뉴스는 이미 뉴스가 아닙니다. 가짜 뉴스는 표현의 자유, 언론의 자유에

기생하는 몹쓸 박테리아와 같습니다.

1923년 관동대지진 당시 '조선인들이 우물에 독을 풀었다'는 악의적인 가짜 뉴스가 창궐했습니다. 그로 인해 많은 조선인들이 학살당했지요. 그게 진실입니다. 1980년 광주민주화운동 당시 정부의 보도지침에 따른 가짜 뉴스는 항쟁의 진실을 감추었고, 광주의 진실이 드러난 지금도 "시민군들은 북에서 내려온 간첩이었다"는 가짜 뉴스가 우리를 슬프게 하고 있습니다. 이런 아픔이 되풀이되는 것을 막기 위해서라도, 뉴스의 존재 가치를 지키고 언론의 무거운 책임을 강조하기 위해서라도, '뉴스' 앞에 붙는 '가짜'라는 가벼운 수식어를 적합한 단어로 바꾸어야 할 것입니다.

"내부고발자"

_____ 왠지 배신자 같은 느낌

국방부 군수본부 항공부품구매과 과장으로 부임한 박 중령
은 차세대 전투기 도입에 관한 비리가 있어 보이는 모종의 계
약을 알게 된다. 딸에게만큼은 세상에서 가장 바보 같지만
세상에서 제일 용감한 군인으로 남고 싶은 박 중령은 국익이
라는 미명으로 군복 뒤에 숨은 도둑들의 만행을 폭로하기로
결심하는데…… (네이버 영화 정보, 〈1급 기밀〉 소개글 중)

이 영화는 내부고발을 다룬 〈1급 기밀〉입니다. 여러분에게 '내
부고발'이란 말은 좀 생소할 수도 있지만, 정의로운 사회를 위해
매우 중요한 용어이기 때문에 자세히 살펴보겠습니다. 그 전에

먼저 호루라기(whistle)에 대해 이야기해 볼까 합니다.

여러분은 호루라기 하면 뭐가 먼저 떠오르나요? 아마 운동 경기 심판이라는 대답이 가장 많을 것 같네요. 스포츠에서 심판은 유일하게 호루라기를 사용합니다. 심판은 호루라기를 불어서 경기를 중단시키기도 하고, 반칙을 한 선수에게 경고를 주기도 합니다. 게임에서 호루라기는 엄정함과 공정함을 상징하는 도구입니다. 한편, 호루라기는 위험을 알리는 수단으로도 널리 사용되어 왔습니다. 대표적인 게 바로 여성들을 위한 호신용 호루라기입니다.

난데없이 왜 호루라기 얘기를 꺼냈을까요? 내부고발자를 뜻하는 영어 표현이 '호루라기를 부는 사람'이라는 뜻의 'whistle-blower'이기 때문입니다.

내부고발자는 자기가 속한 조직 내부의 불법과 비리를 폭로한 사람을 말합니다. 그들을 가리켜 '호루라기를 부는 사람'이라 부르는 건 앞서 말한 호루라기의 상징성 때문이지요. 우리나라의 대표적 시민단체인 '참여연대'에서 2017년에 펴낸 내부고발자 관련 자료집의 제목도 「양심의 호루라기를 부는 사람들」입니다. 이 자료집에는 1990년부터 2017년까지 우리 사회에 등장했던 102명의 내부고발자 이야기가 담겨 있습니다.

그들은 사회정의 실현을 위해 특별한 용기를 냈음에도 불구하고 온갖 불이익을 감수해야 했습니다. 1990년 5월, 이문옥 감사관은 재벌 소유 부동산에 대한 감사 내용을 언론에 밝혔다는 이유로 구속됩니다. 업무상 비밀을 누설했다는 죄목이었습니다. 그는 단지 감사원이 다 파악해 놓고도 숨기고 있었던 진실(우리나라 재벌의 비업무용 부동산 비율이 1.2%라는 은행감독원 발표와 달리 실제로는 43.3%라는 것)을 공개했을 뿐인데 말입니다. 길고 지루한 법정 싸움이 무려 6년 동안 이어졌고, 1996년에야 대법원에서 무죄 확정판결을 받고 감사원에 복직하게 됩니다.

이문옥 감사관 이후 수많은 내부고발자들이 조직의 비밀을 밖으로 드러낸 배신자로 낙인찍혔고, 그 명예를 회복하는 데 오랜 시간이 걸렸습니다. 지금껏 그 고통에서 벗어나지 못한 사람들도 많습니다. 영화 〈1급 기밀〉의 엔딩 크레딧은 그런 사실을 적나라하게 보여 주고 있습니다. 다음은 내부고발자 관련 기사들입니다.

···A씨는 2012년 2월 "KT가 '세계 7대 자연경관 선정 투표'에서 국내전화를 국제전화로 속여 부당이익을 취했다"라고 폭로했다. 그해 3월 A씨는 정직 2개월의 징계를 받고 출퇴근만 5시간 30분가량 걸리는 경기도 가평 지사로 전보 조치됐다. 그는 국민권익위원회에 공익신고를 했고, 보호 조치를 받았지만, 회사는 그를 해고했다. A씨는 2016년 1월 대법원 확정판결로 복직됐지만 회사는 A씨에게 감봉 1개월을 내렸

다. 이후 권익위 권고로 감봉 결정은 취소됐다. A씨는 "고발은 짧고 고통은 길었다"며 "집요하게 보복 조치를 한 경우엔 가중처벌이 돼야 한다"고 토로했다.

(세계일보 2019. 07. 09)

…내부고발을 이유로 불이익이 우려된다며 정부에 신분보장 등 보호를 요청하는 건수도 증가하고 있다. 2019년 국민권익위원회에 접수된 공익 · 부패신고자 보호요청 건수는 총 270건이었다. 2018년(113건)보다 두 배 이상 늘었고, 2016년(24건)과 비교하면 11배 증가했다. 공직자의 불법행위를 신고한 경우 '부패신고'로, 민간의 비위를 신고한 경우 '공익신고'로 분류된다.

공익신고자보호법에 따라 권익위나 수사 · 감독기관 등에 공익 · 부패신고를 하면 파면 · 해임 등 불이익 조치로부터 보호를 받을 수 있다. 하지만 언론이나 시민단체 등에 제보할 경우 공익신고자보호법의 보호를 받을 수 없다는 한계가 있다. 법이나 제도상으론 불이익을 받진 않더라도 터무니없는 목표나 기한을 줘 달성하도록 하거나, 험담과 거짓 소문 등을 퍼뜨려 제보자를 괴롭히는 경우도 있는 것으로 알려졌다. 제보자 다수가 조직 내 낙인이 찍혀 고통받는 것이다.

(한국경제 2020. 09. 14)

위 기사에서 알 수 있듯 예전이나 지금이나 내부고발로 인한 고통이 계속되고 있습니다. 이런 일이 반복되는 걸 막기 위해 정부는 '공익신고자보호법' 같은 다양한 장치를 마련해 시행하고 있습니다. 이 법은 내부고발자를 보호하기 위한 법입니다. 공공의 이익을 침해하는 행위를 신고한 사람을 보호하고 지원하기 위한 법률입니다. 만약 내부고발자의 신분을 외부에 공개하거나 부당한 피해를 주면 3년 이하의 징역이나 3천만 원 이하의 벌금을 부과할 수 있습니다.

그런데 이상한 점이 있지 않나요? 내부고발자를 보호하는 법인데 내부고발이라는 말 대신 다른 용어를 사용하고 있지요. 바로 '공익신고자'입니다.

그건 내부고발이라는 용어가 풍기는 부정적 뉘앙스 때문입니다. 이는 조직 '내부'의 일을 외부에 드러내는 것 자체를 금기시하고 '고발'이라는 단어를 부정적으로 보는 풍토와 관련이 있습니다. 법률 용어로서 '고발'은 제3자가 수사기관에 범죄 사실을 신고하는 행위를 뜻하며 결코 부정적인 말이 아닌데도 말이지요.

이런 사회적 풍토는 이른바 '배신자 문화'와 관련이 있습니다. 자료를 찾아보니 "사회정의를 위한 내부고발을 배신 행위로 간주하는 문화는 일제강점기의 산물"이라는 주장이 있더군요. 일본이 내부고발을 이용해 식민 지배를 강화했다는 점을 근거로 들기도 합니다. 실제로 고려시대나 조선시대에 고발을 권장하고 보호한 사례가 자주 등장하는 것을 보면, 고발을 배신으로 보는 문화가 그리 오래된 것 같지는 않습니다.

단합은 좋은 것이고 배신은 나쁜 것이라는 이분법적 인식과 정서는 내부의 일을 절대 밖으로 드러내지 말아야 한다고 생각하게 만듭니다. 그래서 조직의 비리에 눈을 감는 경우가 많고, 그걸 폭로하면 배신자라 낙인을 찍는 것이지요. 이런 관행으로 인해 부정과 비리가 양산된다면 그런 잘못된 관행은 바로잡아야합니다. 앞서 말한 공익신고자보호법도 그런 사회적 노력의 일환입니다.

'공익(public interest)'은 말 그대로 특정 개인의 사사로운 이익이 아닌 사회구성원 모두의 이익을 말합니다. 시민의 건강, 깨끗한 환경, 안전한 먹거리, 공정한 경쟁, 투명한 납세 등등. 이는 사회의 모든 조직들이 지켜야 할 공통의 가치이며, 어떤 조직도 공익의 훼손을 목적으로 삼지는 않습니다. 만약 그런 조직이 있다면 그건 범죄 조직일 뿐입니다. 공익을 저해하는 조직의 행위는 당연히 공개되어야 하고 처벌되어야 합니다.

공익신고라는 표현은 내부고발보다 훨씬 긍정적인 뉘앙스를 담고 있습니다. 왠지 배신자처럼 느껴지는 '내부고발자'와 달리, '공익신고자'는 사회를 위해 행동하는 용기 있는 시민처럼 느껴집니다. 똑같은 행동을 가리키는 표현인데도 전혀 다른 어감으로 다가오는 것이지요. 바로 이게 언어의 힘입니다. 사회정의와 공익을 위해 더 많은 호루라기 소리를 들을 수 있다면, 우리가 쓰는 말을 백 번이라도 바꿀 수 있지 않을까요?

언어의 힘은 생각보다 매우 강합니다. 고발에 대한 잘못된 관행이나 풍토를 바꾸는 일도 필요하지만, 그에 못지않게 중요한 건 불필요한 오해 때문에 신고를 주저하는 일이 없도록 용어 자체를 긍정적으로 바꾸는 일입니다. 다음은 TV 뉴스의 한 장면입니다. 중국에서 울려 퍼진 호루라기 소리가 여기까지 들리는 것 같습니다.

> 꽃다발 사이에 놓인 사진 한 장, 신종 코로나 환자를 치료하다 자신도 감염돼 지난 7일 끝내 숨진 의사 리원량입니다. 리원량이 근무했던 중국 우한시 중심병원 앞에는 그의 얼굴 그림과 사진, 추모 꽃다발이 놓였습니다. 이곳을 찾은 조문객들의 모습입니다. 잠시 마스크를 벗더니 호루라기를 꺼내 불기 시작합니다. 중국에서 맨 처음 신종 코로나를 경고한 리원량의 죽음을, 내부고발을 상징하는 호루라기 소리로 애도하는 것입니다. (KBS 뉴스 2020. 02. 10)

이제 이야기를 마무리할 시간입니다. 영화로 시작했으니 영화로 끝을 맺겠습니다. 테러를 방지한다며 무차별적으로 개인정보를 수집한 미국 정부의 행위를 폭로한 영화 〈스노든〉의 대사입니다.

"당신은 혼자가 아니에요."

용기를 낸 공익신고자의 어깨를 두드리며 던져야 할 우리의 대사이기도 합니다.

"방탄국회"

<hr>

범죄자 보호에 웬 방탄?

'OOO 지키는 방탄국회 만들어'

'OO당, 방탄국회 기대 말고 성실히 임하라'

'방탄 vs 방탄 공방 벌이는 국회'

위 기사 제목은 대한민국 국회와 관련된 것들입니다. 방탄이
라는 말이 자주 등장하네요. 방탄(防彈)은 아시다시피 총알을 막
는다는 뜻입니다. 그런데 군대나 경찰도 아닌 입법부가 대체 방
탄과 무슨 관련이 있는 걸까요?

그 전에 잠깐 다른 얘기를 해 보겠습니다. 흔히 국회의원을 가
리켜 '공복(公僕)'이라고 표현하곤 합니다. 일단 이 말의 문제점부

터 짚어 보고 싶습니다.

선거철만 되면 시장이나 역 부근처럼 사람들이 많이 모이는 장소에 후보자들이 나타나 명함을 들이밀지요. 이때 가장 많이 나오는 말 중 하나가 공복입니다. 자기를 뽑아 주면 국민을 섬기는 충실한 공복이 되겠다면서 자세를 한껏 낮춥니다. 공(公)은 공적인 일을 의미하고 복(僕)은 천한 일을 하는 하인, 즉 종을 일컫는 말입니다. 따라서 공복이란 '공적인 일을 하는 종'이라는 뜻을 갖습니다.

후보들이 너나없이 공복을 자처하는 건 그만큼 당선이 절박하기 때문이겠지요. 하지만 정치인이 국민의 종이나 노예가 될 이유는 전혀 없습니다. 국민과 정치인은 주인과 종의 관계가 아닙니다. 종처럼 주인의 말에 절대복종하겠다는 말은 헛된 구호일 뿐입니다. 정치인들이 그렇게 행동하지도 않거니와, 그렇게 행동한다 해도 문제입니다. 신분제 사회에서나 가능한 말을 현대 민주국가에서 쓰는 것 자체가 시대착오적이지요.

말은 사회와 함께 숨을 쉬며 진화합니다. 그러므로 말에 담긴 개념과 현실의 상황이 일치해야 원활한 소통이 가능해집니다. 개념과 현실이 불일치하면 생각이나 판단에 혼란을 주기 쉽습니다. 현실에서 국회의원은 상전처럼 으스대는데 정작 스스로를 지칭할 때는 종이라고 부른다면 그건 일종의 기만이지요. 이런 식의 언어 오용은 정치에 대한 냉소를 가져오고, 냉소는 정치적 무관심으로 이어집니다. 하긴, 무관심은 정치인에게 최고의 선물일 수도 있겠네요.

물론 공복이란 표현이 헌법 제1조의 규정처럼 민주공화국의 주인인 국민을 충실히 섬기겠다는 상징적 의미인 것은 잘 압니다. 그러나 그 좋은 뜻을 굳이 노예나 종 같은 전근대적 언어로 표현해야 할까요? 선거 때만 공복을 외치고 당선된 후에는 주인 행세 하는 꼴도 보기 싫지요. 차라리 공복이라는 말 자체를 꺼내지 않으면 좋겠습니다.

다시 방탄 얘기로 돌아가 볼까요? 먼저 두 개의 상반된 국회 풍경을 소개하겠습니다.

① 2018년 5월. 대통령이 발의한 개헌안의 국회 표결이 허무하게 끝나 버렸습니다. 전체 국회의원 299명 중 고작 114명만 참여하는 바람에 투표조차 하지 못했지요. 의결정족수를 채우지 못해 '투표 불성립'이 된 것입니다.

② 그로부터 3일 전, 채용 비리와 공금 횡령 혐의를 받고 있는 국회의원 2명의 체포동의안 표결이 있었습니다. 이 투표에는 299명의 92%인 275명의 동료 의원들이 참여해서 한마음 한뜻으로 체포안을 부결시켰습니다.

두 번째 풍경이 바로 방탄국회의 대표적 사례입니다. 이걸 설명하려면 우선 국회의원의 특권을 살펴볼 필요가 있습니다. 국회의원에게는 헌법에 보장된 두 개의 특권이 있지요. 면책특권과 불체포특권입니다.

면책특권은 국회의원이 국회에서 한 발언에 책임을 묻지 않는다는 것입니다. 가령 어떤 의원이 본회의에서 "아무개가 누구의 돈을 받았다더라"는 식으로 근거 없는 주장을 하거나 심지어 거짓말을 하더라도 명예훼손이나 허위사실 유포 등으로 처벌받지 않습니다. 국회의원은 국민의 대표이기 때문에 아무 제약 없이 마음껏 하고 싶은 말을 할 수 있어야 한다는 취지입니다. 엄청 막강한 권한이지요.

불체포특권 역시 막강합니다. 국회의원이 법에 어긋나는 행위를 했더라도 국회가 열리고 있는 동안에는 국회의 동의 없이 체포할 수 없습니다(단, 현행범일 때는 예외입니다). 이 특권 역시 국민의 대표로서 최선을 다해 그 역할을 수행하라는 취지입니다. 행정부의 부당한 억압이나 간섭을 막고 국회의원의 자주적이고 독립적인 활동을 보장하기 위한 것이지요

문제는 이 권한들이 종종 다른 목적으로 사용된다는 점입니다. 가령 어느 국회의원이 범죄 혐의가 있어서 수사기관의 조사를 받아야 할 때, 그 의원이 체포되는 걸 막으려면 어떤 방법이 있을까요? 그렇지요. 불체포특권을 이용하는 것입니다. 그 의원

의 소속 정당에서 임시국회를 요구하여 회기가 시작되면 국회의 동의 없이는 체포할 수 없으니까요.

아마도 여러분들은 이렇게 생각하겠지요. 국회가 체포에 동의 하면 되지 않냐고, 그렇게 심각한 범죄 혐의가 있다면 같은 당 의원들도 당연히 동의하지 않겠느냐고, 설령 같은 당 의원들은 반대하더라도 다른 당 의원들은 체포에 찬성하지 않겠느냐고 말 입니다.

지극히 상식적인 생각이지만, 현실은 그렇지 않습니다. 조금 전 소개했던 표결 결과만 봐도 그렇지요. 당시 체포 대상이었던 의원들이 속한 정당은 113석이었는데, 체포에 반대하는 표는 무 려 172표였습니다. 소속 정당이 같건 다르건 무조건 감싸고 보 자는, 실로 눈물겨운 동료애가 아닐 수 없습니다.

'방탄국회'는 이렇듯 국회의원의 체포를 막기 위해 임시로 국 회를 여는 행위를 뜻하는 용어입니다. 방탄복이나 방탄차량처럼 생명을 보호하는 장비를 가리키는 단어가 전혀 엉뚱한 곳에 쓰 이고 있는 것이지요. 법을 만드는 국회의원들이 범죄자를 법의 심판으로부터 보호하는 일에 앞장서고 있다는 사실이 못내 씁 쓸하고 서글프게 느껴집니다.

세계적인 스타로 우뚝 선 방탄소년단(BTS)의 인기는 믿을 수 없을 정도입니다. 한국 가수가 빌보드 차트를 정복했다는 것은 저희 세대에게는 가히 기적과도 같습니다. 방탄소년단이라는 이름을 처음 들었을 때 설마 총알 막아 주는 그 방탄은 아닐 거라고 생각했는데, 제 생각이 틀렸네요. '총알처럼 빨리 변하는 세상에 맞서서 소중한 가치를 지켜 나가는 소년들'이라는 뜻이라고 하니 말입니다.

그렇다면 국회의원들의 방탄국회는 과연 무엇을 지키려는 것일까요? 말은 제대로 쓰여야 현상의 본질을 훼손하지 않습니다. 우리나라 언론과 정치권에서 사용하는 방탄국회란 말은 국회의원의 권력 남용과 그릇된 동료애를 포장하는 교묘한 술수에 불과합니다.

방탄국회가 튕겨 내는 건 총알이 아니라 국민의 엄중한 요구와 법의 심판입니다. 방탄국회가 보호하고자 하는 건 국민의 안전과 이익이 아니라 의원 개인의 안전과 특정 정당의 이익입니다. 헌법이 부여한 특권을 악용하는 그들의 파렴치한 행위에는 그에 걸맞은 준엄한 이름을 붙여 줄 필요가 있습니다. 그것은 체포를 피하기 위한 '회피 국회'이고, 정당하지 않은 '편법 국회'이며, 정당한 법 집행을 막는 '방해 국회'일 뿐입니다.

"전관예우"

_____ 특권과 비리를 포장하는 고상한 단어

"당신을 이러저러한 혐의로 체포합니다. 당신은 변호사를 선임할 수 있으며 불리한 진술을 거부할 수 있습니다."

경찰이 피의자를 체포한 뒤에 맨 먼저 하는 말이지요. 이걸 정확히 알려 주지 않으면 나중에 재판 과정에서 문제가 될 수 있고, 아예 처벌 자체가 불가능해질 수도 있습니다.

그 시초는 1960년대에 미국에서 일어났던 사건입니다. 1963년, 에르네스토 미란다는 성폭행 혐의로 체포되어 경찰의 심문을 받게 됩니다. 그는 변호사가 선임되지 않은 상태에서 범죄 사실을 자백했고 1, 2심에서 잇따라 유죄 판결을 받았습니다. 그러나 연방 대법원에서는 진술 거부권이나 변호사 선임권 등의 권리를 경찰이 사전에 알려 주지 않았다는 이유로 1966년에 무죄를 선고합니다. 그때부터 경찰이 피의자를 체포할 경우 피의자의 권리를 미리 고지하는 것이 하나의 원칙으로 자리 잡게 됩니다. 이를 '미란다 원칙'이라고 합니다.

피의자가 변호사의 도움을 받을 권리가 왜 그렇게 중요할까요? 변호사가 시민의 인권을 보호하는 데 그만큼 중요한 역할을 담당하기 때문입니다. 변호사 자격을 취득하는 과정은 나라마다 조금씩 다르지만, 엄격하고 까다로운 과정을 거친 법률 전문가라는 점에서는 차이가 없습니다.

재판이 벌어질 경우 어떤 변호사의 도움을 받는가에 따라 결과가 달라질 수 있으므로 변호사 선임은 매우 신중하게 이루어집니다. 변호사마다 경험과 능력에 차이가 있기 때문입니다. 만약 여러분이 소송 당사자가 된다면 어떤 변호사를 구하려 할까요?

돈이 많거나 권력이 있는 사람들은 그 분야에서 더 전문적이고 영향력 있는 변호사를 선임하려고 애를 씁니다. 이런 변호사는 재판에서 이길 확률이 높은 대신 수임료가 비싸 서민들은 엄두도 내지 못합니다. 가장 인기 있는 변호사는 변호사 개업 전에 판사나 검사로 오래 활동했던 사람들입니다. 이들을 가리켜 '전관 변호사'라 합니다. 왜 그들을 선호할까요? 재판의 승률이 남다르기 때문입니다.

고려대학교 법학전문대학원 김제완 교수가 2018년에 발표한 「전관예우 실태와 근절 방안」이라는 논문을 보면, 형사 사건에서 전관 변호사가 그렇지 않은 변호사보다 집행유예(범죄자에게 선고된 형을 일정 기간 유예하고 풀어 주는 것)를 받을 확률이 11%p 높다고 합니다. 바로 이것이 전관 변호사의 힘이며, 이 글의 주제인 전관예우의 위력입니다.

전관예우는 판사나 검사로 재직하다가 개업한 전관 변호사에 대한 특혜를 말합니다. 그들은 법조계의 선후배 인맥을 활용해 재판에서 유리한 결과를 얻어 낼 수 있기 때문에, 찾는 이도 많고 당연히 수임료도 매우 높게 책정되는 것이지요.

위 연구에 의하면 여론조사에서 "전관예우가 있다"는 응답이 "없다"는 응답보다 훨씬 높게 나왔다고 합니다. 특히 일반 국민이 아닌 법원과 검찰 공무원 등 법조계 종사자들은 절반이 넘는 55.1%가 "있다"고 응답했다고 합니다. 실로 놀라운 일입니다. 그동안 많은 국민들과 시민단체들이 전관예우 관행을 비판했어도 법조계에서는 늘 "그런 건 없다"고 주장해 왔기 때문입니다.

법을 적용하는 일을 뜻하는 '사법(司法)'은 법을 만드는 입법, 법을 집행하는 행정과 더불어 민주주의 국가의 핵심 기능입니다.

어떤 행동이 위법인지 적법인지 판단하고 다양한 분쟁들을 공정하게 해결하는 것이 사법의 역할이지요. 사법부는 국민의 권리를 지켜 주는 최후의 보루이며, 철저한 독립성과 공정함으로 스스로의 권위를 지켜야 합니다. 전관예우 따위로 인해 재판의 공정함에 금이 간다면, 사법부의 권위는 사막의 신기루가 될 뿐입니다.

전관예우가 횡행하는 것은 후배 판사나 검사가 퇴임한 선배(전관 변호사)를 일정 기간 대접(?)해 주는 관행 때문입니다. 쉽게 말해서 후배가 선배에게 예의를 갖춘다는 건데, 왜 이런 관행이 법조계에 뿌리 깊게 남아 있는 것일까요?

우리나라 법조계의 직업 문화는 다른 조직과 많이 다릅니다. 검사, 판사, 변호사 모두 그 어렵다는 사법고시를 통과한 사람들입니다. 2017년에 사법시험이 폐지되면서 로스쿨 출신 변호사들이 늘어나고 있기는 하지만 그 전까지 수십 년간 우리나라 법조계는 오로지 사법고시 출신들로만 구성되었고, 자연스럽게 기수를 중심으로 서열이 정해졌습니다.

이른바 '기수 문화'는 지금도 건재합니다. 예를 들어 검찰총장에 후배 기수가 임명되면 선배 기수들은 대부분 조직을 떠나는 게 관행으로 남아 있습니다. 후배가 소신껏 일할 수 있도록 배려하는 거라고 이해할 수도 있지만 민주사회에서, 그것도 정의와 공정이 생명인 법조계에서 선후배 기수 문화라니 이해하기 힘듭니다. 선배 때문에 소신껏 일을 못 한다는 것 자체가 문제 아닐까요? 전관예우의 배경에는 이런 그릇된 기수 문화가 도사리고 있습니다.

전관예우는 사라져야 마땅한 낡은 관행입니다. 국민의 권리보다 조직을 우선하는 행위이며, 선배를 예우하는 대신 국민들을 배신하는 행위이기 때문이지요. 다른 나라의 경우엔 이런 식의 전관예우를 찾아보기 힘듭니다. 인맥이 재판에 영향을 끼친다는 건 애초에 있을 수 없는 일이기 때문입니다.

전관예우를 방지하기 위한 제도가 아주 없지는 않습니다. 변호사 개업 후 1년 동안은 과거에 1년 이상 근무했던 검찰청이나 지방법원에서 진행되는 사건을 맡을 수 없도록 법으로 금지하고 있기도 합니다. 그러나 형사처벌 조항이 없고 변호사협회의 자체 징계에만 맡기고 있기 때문에 별로 실효성이 없습니다. 앞에서 소개한 여론조사 결과가 그 증거입니다.

'예우'는 예의를 지켜 정중하게 대한다는 뜻입니다. 전관 변호사에게 특혜를 주는 부당한 행위에 그런 표현을 사용해서는 안 됩니다. 전관예우는 예의나 정중함과는 거리가 먼 부도덕하고 불법적인 야합에 불과하기 때문입니다. 이제라도 예우라는 거짓 포장을 거둬들이고 그 실체를 드러내 주는 적절한 표현으로 바꿔 불러야 합니다.

말은 사회구성원들의 원만한 의사소통을 위한 도구이지만, 한편으론 사람들의 생각과 행동에 커다란 영향력을 행사합니다. 그 말을 누가 만들었는가에 따라 영향력 또한 판이하게 달라집니다. 대개 말은 한 사회에서 권력을 누리는 사람이나 집단이 만드는 경우가 많습니다. 그렇게 만들어진 말은 교육이나 언론을 통해 빠르게 전파되지요. 기득권의 입장에서 만들어진 말은 자연스럽게 그들의 이익과 시각을 반영하게 됩니다. 그러다 보니 사회적 약자의 입장에서는 몹시 불편하고 마땅치 않은 말들이 종종 생겨나곤 합니다. 그런 말들은 진실을 은폐하고 사회적 불평등을 심화시키며, 때로는 불법마저도 정당화하게 됩니다.

겉으로는 도덕적인 탈을 쓰고 있지만 알고 보면 비리로 얼룩진 특권이 숨어 있는 말이 바로 전관예우입니다. 시민의 비판의식을 무디게 하고 자신의 비루함을 숨기는 특권의 언어를 그대로 받아서 사용할 필요는 없습니다. 언어가 얼마나 무섭고 힘이 센지 깨달아야 합니다. 권력자와 기득권층이 즐겨 사용하는 언어일수록 더욱 그렇습니다. 그래서 프랑스의 철학자 롤랑바르트는 "언어는 파시스트다"라고 했습니다.

특권의 언어를 무너뜨리는 것은 불평등을 해결하고 그릇된 관행을 바로잡는 유력한 방법들 중 하나입니다. 말이 바뀌면 사회가 바뀝니다. 정확하게 본질을 관통하는 이름을 찾는 순간, 가짜 이름 뒤에 숨어 있던 추악한 실체가 만천하에 드러나게 됩니다.

전관예우의 본질을 드러내는 적합한 말을 여러분이 직접 만들어 보면 어떨까요?

"민영화"

_____ 기업의 이익을 모든 국민의 이익인 척

정책적으로 교류와 접점이 뜸한 프랑스의 진보ㆍ보수 정당
들이 한목소리를 내고 있다. 에마뉘엘 마크롱 대통령의 파리
국제공항 민영화 시도에 반대하기 위해서다.
(문화일보 2019. 06. 25)

브라질 '리우 카니발' 민영화 추진, 리우 시장 "기업들 관심"
(연합뉴스 2019. 06. 27)

보건의료노조는 오는 16일 오전 10시 국회 정문 앞에서 '문
재인 정부의 의료민영화 법안 국회 통과 저지' 기자회견을 갖

는다고 15일 밝혔다. (메디게이트뉴스 2019. 07. 15)

위 기사들 속의 공통된 단어가 보이시나요? 바로 '민영화'입니다. 우리뿐 아니라 전 세계적으로 논란이 많은 말입니다. 도대체 민영화가 뭔데 이렇게 찬성과 반대로 나뉘어 치열하게 싸우는 것일까요? 민영화에 담긴 여러 생각들을 함께 들여다보겠습니다.

공공기관이 운영하는 공기업을 민간, 즉 사기업에 넘기는 것을 민영화(民營化)라 합니다. 공기업은 국가나 지방자치단체가 운영하는 기업으로서 철도, 전기, 우편처럼 공적인 성격이 강한 공공재(公共財, public goods)를 생산하거나 관리하는 기업입니다. 공기업도 기업인 이상 당연히 이윤을 추구하지만 그것이 최고의 목표는 아닙니다. 국민 다수가 사용하는 공공재화나 서비스를 어떻게 하면 잘 제공하고 운영할지, 즉 공공의 복리에 초점을 두고 있기 때문입니다. 이와 달리 사기업은 이윤 추구가 최고의 목적이기 때문에 경쟁력과 효율성을 무엇보다도 중요하게 여깁니다.

이런 차이 때문에 "공기업은 운영이 방만하고 낭비가 심하고 비효율적"이라는 주장이 곧잘 등장합니다. 사기업처럼 시장 원리에 투철하게 운영해야 기업의 효율성이 높아지고 이윤도 늘어난다는 것이지요. 이는 공기업 민영화의 주된 근거이기도 합니다.

자본주의에서 시장의 원리를 따른다는 것은 매우 상식적이고 당연한 말처럼 들립니다. 그러나 정말로 그럴까요?

공기업이 담당하는 영역은 철도, 전기, 의료, 통신, 도로, 주택, 교육 등 공공성이 높은 영역으로서 국민의 인간다운 삶과 직결됩니다. 이걸 시장에 맡긴다는 것은 공적 영역에서조차 이윤을 최우선적으로 추구한다는 것을 의미합니다. 그러면 혹시 서민들의 삶이 더 팍팍해지지 않을까요? 경제적 효율만 좇다 보면 공공서비스 요금이 오르고 대규모 해고가 발생하면서 국민의 안전과 복지가 후퇴할 수도 있을 테니까 말입니다.

물론 반론도 가능합니다. 이른바 '보이지 않는 손'이 지배하는 시장경제에 맡기면 생산과 소비가 균형을 이루면서 적정한 수준의 가격이 형성되기 때문에 생산자와 소비자 모두가 만족하게 된다는 주장입니다.

선뜻 판단을 내리기가 쉽지 않지요? 이럴 때는 실제 사례들을 살펴보는 것이 도움이 됩니다. 우선 1990년대에 이루어진 영국의 철도 민영화를 한번 들여다보겠습니다.

영국의 국영철도는 1993년에 민영화되면서 100여 개의 기업으로 분할 매각되었습니다. 그 과정에서 대규모 감원이 진행되었고, 철도 노동자 수는 1992년 15만 9000명에서 1995년 9만 2000명으로 3년 만에 40% 넘게 줄었습니다. (더 가디언 2001. 04. 03)

요금도 크게 올랐습니다. 2012년 1월에 BBC가 철도 민영화 20주년을 맞아 보도한 내용에 따르면 1995년부터 2013년까지

영국의 전체 물가가 65% 오른 반면, 런던에서 맨체스터까지의 기차 일반요금은 208%, 에딘버러까지는 134%, 엑스터까지는 205%가 올랐다고 합니다. (한겨레 2014. 01. 02)

이 사례가 너무 먼 옛날이야기처럼 들린다면 2021년 미국 텍사스의 한파와 정전 사태를 한번 살펴볼까요? 지난겨울 텍사스에 몰아닥친 한파로 최소 58명이 사망했습니다. 단 1주일 동안의 한파로 이런 대규모 재난이 발생한 원인은 여러 가지겠지만, 그중에서도 전기 민영화가 중요한 원인으로 지목되고 있습니다. 다음은 그에 관한 신문기사입니다.

텍사스는 전력시장 민영화를 시행한 미국의 주 중 대표적인 사례였다. 텍사스 주는 2002년 완전소매경쟁 체제를 도입했으며, 다른 지역과 달리 연방정부의 송전계통과 분리된 완전히 고립된 전력망을 갖고 있다.

이처럼 연방정부의 전력망 체제에 편입돼 있지 않은 것은 평소에는 연방정부로부터 규제를 받지 않기 때문에 편리할 수 있지만, 이번 한파와 같이 비상사태가 발생했을 경우 타 지역을 통한 전력 융통이 불가능하다. 텍사스 주는 지난 2011년 한파가 몰아닥쳤을 때 연방정부로부터 전력 부족 사태에 대비하라는 지적을 받았지만 이를 무시했다.

전기 민영화로 인한 전력수급 불안정 문제는 어느 정도 예상된 문제였다. 지속적인 인구 증가와 민영화로 인한 폐해로 전력 예비율이 목표치(13.45%)를 밑돌아 2014년 이후부터는 줄곧 한 자리 숫자를 기록했다.

무엇보다 이번 사태로 확인된 것은 민영화로 인한 '전기요금 폭탄'이 현실이 될 수 있다는 사실이다. '변동 요금제'가 적용되는 일부 업체(그리디)에서 이번 사태로 공급이 부족해지면서 시간당 전기요금을 1메가와트(MW)당 50달러에서 9000달러로 올리면서 방 3개짜리 가정집에 전기요금이 1만 달러(약 1100만 원)이 부과되기도 했다고 NBC가 보도했다.

(프레시안 2021. 02. 21)

제아무리 한파로 인한 비상사태라고 해도, 전기요금이 무려 180배가 오른 걸 보면 민영화에 대한 우려가 단순한 기우는 아닌 것 같습니다. 요금뿐만이 아닙니다. 민영화 이후 수익이 많이 나는 노선과 그렇지 못한 노선의 차이가 더 심해지면 사람들이 많이 살지 않는 지역에는 버스나 기차가 아예 다니지 않을 수도 있습니다. 기업의 입장에선 적자를 감수하면서까지 열차를 운행할 이유가 없으니까요. 게다가 갈수록 잦아지는 기상이변을 감안하면, 텍사스처럼 주민들의 삶이 심각한 위험에 처할 수도 있습니다.

그러므로 민영화를 얘기할 때는 효율성이라는 긍정적인 면만 강조할 게 아니라, 형평성이나 공공성의 영역에서 발생할 수 있는 부정적인 면도 잘 살펴봐야 합니다.

　민영화는 백성(民)이 경영(營)하는 방향으로 바꾼다(化)는 의미입니다. 국가가 운영하던 기업을 국민의 기업으로 변화시킨다, 또는 국가의 지배에서 끄집어내 국민에게 돌려준다는 긍정적인 느낌이 매우 강한 표현이지요. 그런데 여기엔 함정이 있습니다. 국가와 국민을 서로 반대편에 있는 것처럼 대립시키고 있기 때문입니다.

　국가는 국민의 안전과 행복을 지키는 역할을 하고 있지만 한편으로는 '지배하는 권력'이라는 이미지도 갖고 있습니다. 특히 시장경제에서 국가는 종종 불필요한 규제와 간섭의 주체로 여겨집니다. 그러다 보니 "경제에 대한 국가의 개입을 최소화해야 한다"는 식으로 마치 국가의 개입이 굉장히 나쁜 것처럼 묘사되곤 합니다. 이런 상황에서 '국민에게 돌려준다'는 의미를 지닌 민영화는 대다수 국민들 사이에서 긍정적인 반응을 불러일으키기 쉽습니다.

　그러나 공공의 재화나 서비스는 국민 모두의 행복과 연결되는 것이므로 국가보다는 오히려 국민에 가까운 영역입니다. 즉, 공적인 것을 의미하는 공(公)과 다수의 국민을 뜻하는 민(民)은 대립하는 게 아니라 오히려 가깝고 어울리는 말입니다. 이런 면에서 본다면 공(公)의 반대편에는 민(民)이 아니라 사(私)가 들어서야겠지요. "공과 사를 잘 구분해야 한다"는 말을 떠올리면 이해가 쉬울 것 같네요. 요컨대, 민영화라는 것은 국민에게 돌려주는 것이 아니라 사기업에 건네주는 것을 의미합니다. 이 점을 분명하게 짚을 필요가 있습니다.

사정이 그렇다면 표현 또한 달라져야겠지요. '민영화'는 공공성이 강한 공기업을 이윤 추구에 전념하는 사기업으로 바꾸는 것이므로 '사기업화'라고 불러야 합니다. 그래야만 명확하게 본질을 전달할 수 있습니다. 그럼에도 굳이 백성 민(民)을 붙이는 이유는 어디에 있을까요? 혹시 어떤 의도가 담겨 있는 건 아닐까요? 좀 삐딱하게 보자면, 마치 국민 전체의 이익을 위한 것처럼 포장하면서 은근슬쩍 정당성을 부여하려는 것 아니냐는 합리적 의심(?)도 가능할 것 같습니다.

"세금 폭탄"과 "조세 피난처"

_____ 세금은 피해야 할 재앙인가?

다 같이 문제 하나 풀어 보겠습니다.

> [Q] 다음 빈 칸에 공통적으로 들어갈 말로 가장 적합한 것은?
> 물○○, ○○ 세일, ○○ 돌리기, 핵○○, ○○ 게임, 시한○○

다들 짐작하셨겠지요? 정답은 '폭탄'입니다. 그러고 보니 우린 폭탄이라는 단어를 생각보다 훨씬 자주 사용하고 있네요. 게임에도 등장하고 세일 전단지에도 등장합니다. '폭탄 세일'이라고 하면 뭔가 엄청 싸게 파는 듯한 느낌을 주면서 소비자를 유혹하고 마트를 향한 발길을 재촉합니다. 폭탄은 이처럼 사람들이 자신의 주장이나 입장을 강조하려 할 때 종종 선택하는 단어입니다.

얼마 전 '종합부동산세법(종부세법)' 개정을 놓고 여당과 야당이 심하게 대립한 적이 있습니다. 종부세란 쉽게 말해 부동산을 얼마나 가지고 있는가에 따라 세율을 다르게 매기는 제도입니다. 땅이나 건물을 많이 소유하고 있는 사람에게는 높은 세율을 적용하고, 반대의 경우에는 상대적으로 낮은 세율을 적용하는 것입니다.

여러분이야 직접 세금을 내는 입장이 아니니까 별로 고민할 일이 없겠지만, 대부분의 사람들은 각자가 처한 상황에 따라 찬반이 엇갈릴 것 같습니다. 집을 여러 채 가진 부자는 당연히 반대하겠지요. 세금 더 내는 걸 좋아할 사람은 없기 때문입니다.

여러분이 반대 진영을 대표해서 찬성론자와 토론을 한다고 가정해 봅시다. 상대측 주장에 효과적으로 맞서려면 세금이 엄청 늘어나서 국민들이 힘들어진다는 점을 강조할 필요가 있습니다. 그러려면 사람들에게 세금에 대한 부담과 공포를 심어 주는 표현을 사용해야겠지요. 적합한 단어가 뭐가 있을까요? 바로 '폭탄'입니다.

잠깐 공포에 대해 생각해 보겠습니다. 공포는 권력을 가진 사람들이 즐겨 사용하는 수단입니다. 잔뜩 겁을 먹은 상태에서는 누구라도 합리적인 판단을 하기 힘들고, 그걸 입 밖으로 꺼내기는 더 어렵습니다. 그래서 권력자들은 국민의 판단을 마비시키고 비판 세력에게 재갈을 물리고자 할 때 의도적으로 공포감을 조성합니다. 전쟁의 공포를 이용한 이른바 '북풍(북한이 곧 도발해 올 것이라는 주장)'은 우리나라의 보수 세력이 자주 사용했던 공포의 키워드입니다.

종부세 강화에 반대하는 쪽에서는 '세금 폭탄'이라는 말을 자주 사용합니다. 그 말을 들을 때마다 언어의 위력을 새삼 절감하곤 합니다. 세금에 대한 거부감과 불만을 드러내는 데 이토록 효과적인 단어는 달리 찾아보기 힘들 것 같습니다.

폭탄은 대량 살상과 시설 파괴를 위해 만들어진 전쟁 무기입니다. 장난감이 아닙니다. 공항이나 대형 빌딩에 폭탄을 설치하겠다는 협박전화가 걸려 오면 그곳은 그야말로 초비상 상태가 되고, 경찰은 물론 군대까지 동원되어 대대적인 수색을 실시합니다. 장난전화로 의심이 되더라도 일단은 사람들을 피신시킬 수밖에 없습니다. 그만큼 위험하고 무조건 피해야만 하는 것이 바로 폭탄입니다.

세금 폭탄은 그렇게 무시무시한 뉘앙스를 담고 있는 표현입니다. 종부세가 강화되면 다수의 국민들이 무차별 폭격을 당할 거라는 공포를 심어 주기에 아주 제격이지요. 하늘에서 새카맣게 쏟아지는 폭탄을 상상해 보세요. 누가 그걸 피할 수 있겠습니까? 우리나라 전체 가구의 2% 정도를 제외하면 실제로는 세금

증가폭이 그리 크지 않음에도 불구하고, 마치 불특정 다수에게 큰 피해를 주는 것처럼 이미지를 조작하는 효과가 있습니다.

말의 힘은 '프레임(frame)'과도 관련이 깊습니다. 머리말에서도 얘기했듯이 프레임은 어떤 현상을 보는 관점의 틀을 말하는데요. 인지언어학의 창시자인 조지 레이코프는 『코끼리는 생각하지 마』(2014)라는 책에서 프레임을 '세상을 바라보는 방식을 형성하는 정신적 구조물'이라고 설명하고 있습니다. 비유하자면, 내가 아무리 코끼리가 없다고 생각하더라도, 심지어 그렇게 생각하는 바로 그 순간에도 (이미 '코끼리'라는 말을 사용했기 때문에) 코끼리라는 프레임에서 벗어날 수 없다는 것입니다.

어떤 관점과 틀로 보느냐에 따라 세상은 다르게 보입니다. 어떤 색깔의 안경을 쓰는가에 따라 눈앞의 풍경이 달라지듯, 언어의 색깔을 좌우하는 프레임은 우리의 생각과 행동에 직접적인 영향을 미치게 됩니다. 종부세 인상을 둘러싼 찬반토론에서 찬성 쪽이 아무리 세금 폭탄이 아니라는 근거를 제시하더라도, 그 말을 사용하는 순간에 이미 폭탄이라는 부정적 프레임에 갇혀 버리는 거지요. 세금 폭탄이란 말을 프레임으로 읽어야 하는 이유가 여기에 있습니다.

헌법에 나오는 국민의 의무에 대해 다들 알고 있지요? 국방, 교육, 근로, 환경보전, 그리고 납세의 의무입니다. 대한민국 국민이라면 누구나 세금을 내야 할 의무가 있습니다. 세금은 국가나 지방자치단체가 국민으로부터 거둬들이는 돈으로, 국민의 안전과 행복과 복지를 위해 쓰입니다. 세금을 걷어야 도로도 만들고 복지시설도 짓고 아이들 교육도 시키고 군대도 유지할 수 있습니다. 세금이 없다면 국가는 단 하루도 제대로 운영될 수 없겠지요. 세금은 국가가 유지되는 데 반드시 필요한 재원입니다.

하지만 예나 지금이나 사람들은 세금 내는 것을 별로 좋아하지 않습니다. 그래서 '폭탄'이라는 어마무시한 말을 쓰기도 하고, 이런저런 편법이나 부정을 저지르기도 하지요. 고액 체납자를 추적해서 밀린 세금을 강제로 받아 내는 '세금 기동대'가 따로 있을 정도입니다.

세금을 덜 내기 위한 다양한 불법행위들 중 하나는 조세 피난처를 이용하는 것입니다. '조세 피난처(tax haven)'는 기업이나 법인의 소득에 대해 세금을 부과하지 않는 국가나 지역을 말합니다. 버뮤다제도 등 카리브해 연안과 중남미 일부 국가들이 대표적인 조세 피난처로 알려져 있지요. 금융 거래의 익명성이 철저히 보장되기 때문에 탈세나 돈세탁 같은 범죄의 온상이 되기도 합니다. 범죄 영화의 단골 소재이기도 하고요.

2014년 기준으로 우리나라 재벌들은 세계 곳곳의 조세 피난처에 237개의 페이퍼 컴퍼니(서류상으로만 존재하는 회사)를 두고 있으며, 2007년에서 2014년까지 그리로 송금한 금액이 총 496

조 원에 달한다고 합니다. 우리나라의 한 해 예산 규모에 육박하는 어마어마한 금액입니다.

'피난처'는 재난이나 위험으로부터 벗어난 안전한 장소를 말합니다. '조세 피난처'라는 말 속에는 세금이 일종의 재난이라는 의미가 담겨 있습니다. 국민의 의무인 납세를 이렇게 부정적으로 표현하는 용어는 하루속히 사라져야 합니다. 외국으로 돈을 빼돌려 세금을 탈루하는 건 피난이 아니라 회피지요. 그러므로 조세 피난처보다는 조세 회피처라는 표현이 진실에 더 가깝습니다.

납세자의 입장에서야 기왕이면 세금을 적게 내는 것이 당연히 좋습니다. 하지만 합법적으로 세금을 아끼는 '절세'와 불법적인 '탈세'는 다릅니다. 절세는 생활의 지혜지만 탈세는 엄연한 범죄입니다. 지금처럼 폭탄이니 피난이니 하면서 세금을 재앙으로 여기는 사람들이 늘어난다면, 바로 그게 사회 전체의 재앙이 될 것입니다.

"희망퇴직"과 "유연근로"
_____ 누구의 희망이고 누구를 위한 유연일까?

　　노동자 A씨는 20년째 회사에 다니고 있는 직장인입니다. 비록 많지 않은 월급이기는 하지만 자녀를 키우고 생활하는 데 큰 어려움은 없습니다. 게다가 자신이 좋아하는 기계 분야의 일이라 더 즐겁고 보람도 많이 느끼고 있습니다. 그러나 최근 세계경제의 침체와 업체 간 경쟁 심화로 회사가 어렵게 되었고 결국 회사는 구조조정을 추진하게 됩니다. 회사가 직원들을 대상으로 희망퇴직과 유연근로 형태의 비정규직 전환 중에서 하나를 선택하도록 유도하고 있어 A씨는 고민이 깊어지고 있습니다.

　　위 사례에서 A씨는 선택의 길에 서 있습니다. 회사가 제시한 희망퇴직과 비정규직화 중에서 어떤 것을 선택하더라도 지금보다 나빠지는 건 똑같습니다. 선택권을 주었다고는 하지만 노동자에게는 강요와 다를 게 없어 보이네요.

A씨 앞에 놓인 두 개의 길, 희망퇴직과 유연근로라는 말을 들여다보고자 합니다.

언젠가부터 신문이나 방송, 또는 포털 사이트에서 '희망퇴직'이라는 말을 쉽게 찾아볼 수 있습니다. 이를테면 다음과 같은 것들입니다.

> '국내 4대 은행이 대규모 희망퇴직을 활용해 시장 점유율 50% 이상을 유지하고 있다.'
> '회사 경영이 어려워져 희망퇴직하게 되었습니다'
> '희망퇴직하며 실업급여 받을 수 있나요?'

여러분은 '희망'이라는 말과 '퇴직'이라는 말이 잘 어울린다고 생각하시나요? 제가 보기엔 그렇지 않습니다. 희망은 앞으로 잘 될 거라는 믿음이나 기대, 가능성 등을 의미합니다. 긍정의 에너지가 듬뿍 담긴 말이지요. 퇴직은 다니던 직장을 그만두는 것을 말합니다. 월급으로 생활하는 대다수 직장인들에게 퇴직은 심각한 생존의 위협으로 다가올 수 있습니다. 퇴직 후에도 희망을 잃지 말라는 말은 할 수 있지만, 두 단어를 하나로 붙여 놓은 것은 아무래도 좀 어색하게 느껴집니다.

국어사전에 따르면 '희망퇴직'은 두 가지로 해석될 수 있습니다. 첫째, 말 그대로 본인의 희망에 따라, 자발적인 의사에 따라 퇴직하는 것입니다. 둘째, 사용자가 인원 감축을 위해서 직원들에게 퇴직 여부를 묻고 희망자를 내보내는 것을 말합니다. 요즘 자주 듣게 되는 희망퇴직은 대부분 두 번째에 해당합니다. 자발적인 퇴직이 아니라 회사에서 퇴직을 권고하는 것이지요. 일종의 해고인 셈입니다.

경제가 어려워지면 많은 기업들이 구조조정을 시도하게 됩니다. 구조조정은 기업의 효율성을 높이기 위한 여러 조치들을 통칭하는 말이지만 그중에서도 핵심이 되는 건 인원 감축입니다. 이때 동원되는 수단이 바로 희망퇴직이지요. 인원을 미리 정해 놓고 희망퇴직자를 모집하면 승진에서 밀린 사람, 실적이 부진한 사람, 나이가 많은 사람 등 조직 내에서 불리한 위치에 있는 사람들은 울며 겨자 먹기로 퇴직을 선택할 수밖에 없습니다. 말이 좋아 희망퇴직이지 실제로는 절망퇴직입니다.

희망퇴직이 해고와 동일하다는 건 실업급여를 통해서도 확인됩니다. 고용보험법에 따르면 자발적으로 회사를 그만둔 사람은 실업급여를 받을 수 없습니다. 하지만 희망퇴직을 한 사람은 형식적으로는 본인의 의사에 따른 것이지만 예외가 인정되어 실업급여가 지급됩니다. 희망퇴직의 본질이 해고라는 걸 국가에서도 인정하고 있다는 뜻입니다.

자발적 이직이나 퇴직은 있을 수 있지만 자발적 해고 따위는 존재할 수 없습니다. 자기가 해고되기를 원하는 사람이 누가 있겠습니까? 사용자가 해고의 책임을 회피하고 사회적 비난을 모면하기 위해 희망이라는 그럴싸한 단어를 갖다 붙인 건 아닐까요? 과연 누구를 위한 희망이고 무엇을 위한 희망인지 곰곰이 생각해 볼 일입니다.

유연근로라는 말도 그렇습니다. 유연근로제는 노동자의 근무 시간과 장소를 말 그대로 유연하게 조정하는 제도를 말합니다. 단기근로, 재택근무, 탄력근로 등 다양한 형태의 유연근무는 각자의 상황이나 편익에 따라 근로조건을 선택할 수 있기 때문에 얼핏 노동자에게 유리한 제도로 보입니다.

그러나 실제로는 노동자보다 사용자들이 훨씬 선호하는 제도입니다. 비용 부담이 큰 정규직을 굳이 채용하지 않고 그때그때 상황이나 수요에 따라 노동력을 효과적으로 활용할 수 있기 때문이지요. 유연근로제가 단기 계약직 같은 비정규직을 양산하고 고용의 질과 안정성을 떨어뜨린다고 비판받는 이유도 여기에 있습니다.

결국 핵심은 그 '유연'한 노동을 누가 선택하느냐의 문제인 것 같습니다. 사용자에게 유연한 노동은 노동자의 입장에서는 불안한 노동이 되기도 합니다. 반대로 노동자의 선택에 의한 유연노동은 사용자에게 불리할 수 있겠지요. 최근에 확대되고 있는 유연노동제는 대부분 기업에서 적극적으로 추진하는 제도입니다. 노동자의 관점에서는 매우 불편한 제도가 될 수밖에 없습니다.

'고용 유연화' 또는 '노동 유연화'라는 말도 같은 맥락에서 살펴볼 수 있습니다. 이 용어들은 기업으로 하여금 노동자를 손쉽게 채용하거나 해고할 수 있도록 함으로써 시장 변화에 효과적으로 대처할 수 있도록 하는 제도를 말합니다. 하지만 그렇게 되면 노동자들은 만성적인 고용 불안에 시달릴 수밖에 없습니다. 노동자들은 정년이 될 때까지 함부로 해고하지 못하도록 하는 제도를 선호하겠지요. 고용 유연화를 주장하는 사람들은 그걸 가리켜 '고용과 노동의 경직성'이라고 부릅니다.

'유연'은 부드럽고 연하다는 뜻입니다. '유연성' '유연한 몸' '생각이 유연하다' 등의 말에서 보듯이 대부분 긍정적인 의미로 사용됩니다. 반면 '경직'은 딱딱하게 굳어 있고 융통성이 없고 완고하다는 부정적인 느낌을 줍니다. '고용의 유연화'는 뭔가 시대를 반영한 좋은 제도처럼 느껴지고, '고용의 경직성'은 변화를 거부하는 고집불통 같은 느낌으로 다가옵니다. 경직된 것을 유연하게 바꾸자는데 반대할 이유가 전혀 없어 보입니다.

그러나 그 유연함이 사용자와 노동자 모두의 이익이 아니라 어느 한쪽만의 이익을 반영한 것이라면 얘기는 전혀 달라집니다. 혹시 일방적이고 편파적인 고용 정책의 문제점들을 '유연'이라는 긍정적 말 뒤에 살짝 숨긴 것은 아닌지 들여다보아야 합니다. 누구의 시선에서 보느냐에 따라 사용하는 말이 달라지고, 똑같은 말이라도 전혀 다르게 해석될 수 있습니다. 그럴듯한 표현을 사용함으로써 뭔가를 교묘하게 숨기기도 합니다.

시선에 따라 의미가 달라지는 사례를 하나 더 살펴보겠습니다.

①규제 완화   ②규제 강화

두 용어 중 어떤 게 더 긍정적으로 느껴지십니까? 대부분 규제 완화를 선택할 것입니다. 규제는 '일정한 한도를 정하거나 넘지 못하게 하는 행위'를 말하고, 완화는 그런 규제를 풀어 주는 것을 의미하지요. 규제를 푼다는 건 자유를 준다는 뜻이기 때문에 당연히 긍정적으로 받아들여집니다. 그러나 규제의 내용이 무엇인가에 따라, 완화의 방향이 어느 쪽인가에 따라 현실은 전혀 달라질 수 있습니다.

국민의 건강을 위해 식품 관련 규제를 까다롭게 만들어 놓았다고 가정해 봅시다. 식품을 생산하는 기업의 입장에서는 그 규제들이 몹시 불편하게 느껴질 것입니다. 비용 절감이나 이윤 증대를 위해 규제를 완화해 달라고 정부에 요구하겠지요. 만약 정부가 그 요구를 받아들여 안전 점검을 간소화하고 품질 검사를 생략한다면 어떤 일이 벌어질까요?

기업은 훨씬 수월해지겠지요. 까다로운 검수 과정 없이 식자재와 원료를 구매하면 시간과 비용을 줄일 수 있고, 식품의 안전과 품질을 확인하는 절차가 생략되면 그에 따른 시간과 비용 역시 절감할 수 있으니까요. 그러나 소비자들은 정반대의 처지에 놓이게 됩니다. 식품의 안전을 믿을 수 없게 되고, 피해를 입을 가능성도 그만큼 커질 수밖에 없습니다.

이런 식의 규제 완화는 누구를 위한 것일까요? 기업의 이익이 증가하는 만큼 직원들의 소득도 증가하고 일자리도 늘어나기 때문에 모두에게 이익이라고 주장할 수도 있겠지만, 시민의 건강과 안전한 삶을 생각한다면 오히려 규제 강화가 올바른 방향입니다. 모든 규제는 다 나쁘고 모든 완화는 다 좋다는 식으로 막연하게 생각해서는 안 됩니다.

세상에는 모두에게 긍정적인 말도 있지만 특정인에게만 긍정적인 말도 있습니다. 말 자체는 아름답지만 그 뒤에 전혀 다른 진실이 숨어 있는 경우도 많지요. 그러므로 단순히 어감이나 뉘앙스만으로 섣불리 선악을 판단하지 말아야 합니다. 희망, 유연, 완화 같은 긍정적 표현들이 모두에게 긍정의 언어로 다가가는 게 아님을 안다면, 평소에 좀 더 신중하게 말을 선택하고 해석하게 될 것입니다. 말을 통해 그려 보는 세상과 두 발 딛고 살아가는 세상은 전혀 다를 수 있습니다.

여러분이 A씨라면 어떤 마음일까요? 뭔가를 결정하고 선택할 때 가장 중요한 것은 자신의 의지에 따른 자율적인 판단입니다. 하지만 지금 A씨에게는 자율적인 선택지가 없습니다. 그는 안정적으로 직장에 계속 다니길 원하지만, 눈앞에 놓인 건 희망 없는 희망퇴직과 유연하지 않은 유연근로뿐입니다. 부디 '희망'과 '유연'이라는 말의 실체를 정확하게 꿰뚫어보기 바랍니다. 누구의 희망인지, 누구를 위한 유연인지.

"사랑의 매"

_____ 사랑이 아니라 폭력일 뿐

A는 교내 소논문 발표회에 참가하기로 했습니다. 평소 관심 있던 주제인 환경문제를 영상으로 만들 예정입니다. 쟁쟁한 친구들이 발표 자료를 준비하는 것을 보고 살짝 긴장되기는 했지만, 평소대로 하면 될 거라고 마음을 다잡아 봅니다. 제비뽑기 결과 마지막 순번에 당첨됐네요. 처음엔 잘됐다고 생각했지만, 친구들의 발표를 들으면서 점점 초조해지기 시작했습니다. 차라리 먼저 발표하는 쪽이 속 편할 것 같다는 생각이 들었지요.

여러분도 비슷한 경험을 해 봤을 겁니다. 이럴 때 자주 쓰는 말이 바로 "매도 먼저 맞는 놈이 낫다"는 것입니다.

예나 지금이나 이 속담은 여기저기서 많이 쓰입니다. 신문을 찾아보니 감사원의 감사를 받는 기업의 입장이나 경찰 조사를 앞둔 피의자의 입장을 이야기할 때도 등장하더군요. 어차피 피할 수 없는 상황이라면, 비록 힘들더라도 남들보다 먼저 겪는 편이 오히려 낫다는 뜻입니다.

그러나 이 속담은 자칫 폭력을 미화할 가능성이 있는 위험한 말이기도 합니다. 이 말에 담긴 아픈 역사를 한번 살펴볼까요?

제가 학교에 다니던 1970년대와 80년대에는 학급에 무슨 문제가 생길 때마다 그 반의 학생들이 단체로 매를 맞는 경우가 많았습니다. 잘못이 있건 없건 전원이 공평하게(?) 맞아야 했지요. 여러분들은 잘 이해가 되지 않겠지만, 아무튼 그 시절엔 그랬습니다.

매 맞는 것도 고통이지만 맞을 순서를 기다리는 게 훨씬 고통스러웠습니다. 맞으면서 비명을 지르거나 맞고 나서 신음하는 친구들을 바라보는 건 공포 그 자체였습니다. 그래서 먼저 맞는 게 낫다는 생각을 많이 했습니다. 피할 수 없다면 공포의 시간이라도 줄여야 했으니까요. 먼저 맞은 아이들은 뒤에 맞는 아이들의 표정과 행동을 보며 낄낄거리기도 했습니다. 조금 전의 내 고통은 친구들의 고통을 구경하는 사이에 어디론가 사라졌지요.

생각해 보면 참 비참한 일입니다. 남의 고통을 아픔으로 받아들이지 못하고 오히려 즐기게 만드는, 실로 비인간적이 풍경이 아닐 수 없습니다.

더군다나 이 속담은 은연중에 매 맞는 것을 어쩔 수 없는 일로 받아들이게 만듭니다. 세상에 '맞을 짓'이라는 건 없습니다. 매는 분명한 폭력이고 잘못인데, 이 속담을 쓰는 순간 세상에는 불가피한 폭력이 존재한다는 걸 인정하는 꼴이 되고 말지요.

물론 어떤 상황에서는 남들보다 먼저 나서는 게 실질적으로 유리하거나 적어도 심리적으로 위안이 될 수 있습니다. 그러나 그런 상황을 비유할 때 굳이 폭력에 순응하고 미화하는 말을 쓸 이유는 없습니다.

그 당시 교사들이 이런 무지막지한 체벌을 할 수 있었던 배경에는 우리 사회에서 무심코 쓰는 말들도 한몫했습니다. 대표적인 게 바로 '교편'과 '사랑의 매'입니다.

교편은 교사의 상징이었습니다. 교(敎)는 가르침을, 편(鞭)은 채찍이나 회초리를 뜻합니다. 그러니까, 교편은 교사가 사용하는 매를 가리키는 말입니다. '교편을 잡다'라는 말은 교사가 된다는 뜻이었고, 교직을 그만둘 때는 '교편을 놓는다'고 했습니다. 예전에는 많이 쓰이던 말인데 최근에는 거의 사용하지 않습니다. 그 이유는 확실치 않지만, 어쩌면 교편이란 말이 품은 뜻 때문일 수도 있을 것 같습니다.

교직을 상징하는 단어로 '교편'이 쓰였던 것을 보면 오래전부터 매는 교사의 필수 도구였던 것 같습니다. 아이들을 가르치는 직업의 상징이 사랑이나 관심, 열정, 헌신, 소통이 아닌 회초리라는 점에 불편해하는 선생님들이 많습니다. 더군다나 '편(鞭)'은 원래 고문이나 형벌을 가할 때 사용했던 가죽 채찍을 뜻하는 무서운 말이기도 하지요. 실제 근대 유럽의 학교에는 학생을 고문하는 기구들이 존재하기도 했습니다.

좀 생소하겠지만 '지도편달'이라는 용어도 있습니다. 자기를 잘 가르쳐 달라는 의미로 흔히 "많은 지도편달을 부탁드립니다"라고 하지요. 편달(鞭撻)의 본래 뜻은 '채찍으로 때리다' 또는 '종아리나 볼기를 치다'입니다. 이 말 역시 누군가를 제대로 가르치려면 회초리가 필요하다는 의미를 담고 있습니다. 물론 비유적인 표현이지만, 아무튼 '매'가 교육의 필수 도구라는 사고방식을 보여 주는 사례들 중 하나입니다.

학생과 배움을 중심에 놓는 최근의 교육철학은 교사와 학생의 동등한 관계와 소통을 강조하고 있습니다. 교편은 이런 시대적 흐름에 적합하지 않은 말이고, 민주주의나 인권의 측면에서 보더라도 어울리지 않는 단어입니다. 바로 이런 이유로 강압과 체벌을 상징하는 이 말이 자연스럽게 자취를 감추고 있다고 생각합니다.

체벌을 정당화하는 '사랑의 매' 또한 사라져야 할 표현입니다. 지금 학교 현장에서는 '학생인권조례'의 도입 이후 체벌이 거의 사라지고 있습니다. 가정에서 아이들을 교육한다는 명분으로 행해졌던 부모의 매질 또한 그것을 가정폭력과 아동학대로 보는 사회적 분위기와 법적 처벌 덕분에 많이 줄어들었지요. 올바른 방향이라고 생각합니다.

하지만 아이들을 제대로 훈육하려면 어느 정도는 체벌이 필요하다고 주장하는 사람들이 아직도 많습니다. 아이들을 체벌이 불가피한 불완전한 존재로 여기는 것이지요. 찬반 논쟁을 떠나서, '사랑의 매'라는 표현이 어떤 문제점을 안고 있는지 살펴보겠습니다.

일단 말 자체가 모순적입니다. 체벌을 지지하는 쪽은 부모나 교사가 아이를 사랑하는 마음으로, 아이가 잘되기를 바라는 마음으로 매를 드는 것이라 주장합니다. 그러나 그 사랑을 왜 꼭 매로 표현해야 할까요? 사랑은 인간이 지닌 가장 아름다운 감정입니다. 반면 매는 신체에 고통을 가하는 행위이며 강자에 의해 일방적으로 행해지는 폭력입니다. 서로 대립하는 두 단어를 붙여 놓은 사랑의 매는 '미움의 선물' 또는 '증오의 칭찬' 만큼이나 이질적이고 그 자체로 형용모순입니다.

체벌이 사랑의 매로 합리화되는 사회는 폭력적인 사회입니다. 폭력이 사랑으로 둔갑해 정당화될수록 약자의 권리는 침해당하기 쉽습니다. 사랑이라는 겉포장 때문에 인권침해의 심각성을 제대로 인식하지 못하기 때문입니다.

부모나 교사가 아이에게 손을 대는 것이 당연하게 받아들여진 이유도 여기에 있습니다. "매를 들어서라도 사람 만들어야 한다"는 논리가 확고한 교육적 진리로 여겨졌을 정도니까요. 수원의 어느 고등학교에서는 동문 선배들이 학교에 사랑의 매(교편)를 전달하는 행사를 열기도 했습니다. 후배들을 때려서라도 공부시켜 달라는 의미겠지요. 자신들도 그렇게 맞고 자라서 성공했다고 생각한 모양입니다. 흑백 다큐멘터리 프로에나 나올 법한 얘기지만, 알고 보면 그리 오래된 일도 아닙니다.

사랑은 참으로 소중한 가치입니다. 그렇기에 더더욱 함부로 갖다 붙이지 말아야 합니다. 요즘 자주 문제가 되는 '데이트 폭력'의 가해자들은 대부분 자신의 폭력이 사랑 때문이었다고 주장합니다. 그 말에 고개를 끄덕일 사람은 아무도 없겠지요. 똑같은 이유로 매는 학교에서 사라져야 합니다. 사랑을 빌미로 매를 휘두르는 교사가 학생들 눈에 어떻게 보이는지는 여러분이 더 잘 알겠지요.

이런 주장에 불편해하는 사람도 물론 있을 겁니다. 꼭 그렇게 사전적 의미에 매달려야 하냐고, 단순한 비유적 표현으로 볼 수도 있는데 너무 별스럽게 구는 것 아니냐고 반론할 수도 있겠지요. 그러나 '매도 먼저 맞는 놈이 낫다'는 속담이나 '사랑의 매'라는 표현이 반인권적 체벌을 정당화하는 구실이 될 수 있다는 것 또한 분명한 사실입니다. 말이 가진 힘은 그만큼 크고, 마치 화

선지에 먹물 번지듯 슬그머니 우리 생활에 스며들기 때문입니다.

'자유교육'이라고 하면 A. S. 닐이 세운 영국의 서머힐 스쿨을 많이 떠올리는데, 1921년에 설립된 서머힐보다 한 세대 앞서 자유교육을 실천한 교육자가 있습니다. 교육 순교자로 불리는 스페인의 프란시스코 페레입니다. 그는 '모던 스쿨'을 설립하여 자유교육의 이상을 실천했고, 바로 그 이유 때문에 누명을 쓰고 처형당합니다. 이 책에서 그의 삶을 자세히 언급하기는 어렵지만, 그가 외친 한마디를 소개하며 글을 마무리하고 싶습니다.

"꽃으로도 아이를 때리지 말라."

"가족 동반자살"

그건 명백한 살인입니다
_____

지난 10일에는 김 모(34) 씨가 인천에 있는 자택에서 생후 40일 된 쌍둥이 첫째 아들 B군의 머리를 때려 두개골을 골절시켰다. 다음 날인 11일에는 둘째 아들도 폭행해 오른쪽 허벅지 뼈를 부러뜨렸다. 해당 사건은 쌍둥이 형제가 연달아 병원에 실려 오자 아동학대를 의심한 병원 측이 경찰에 신고하면서 드러났다. (연합뉴스 2018. 03. 01)

지난해 3월 대전 유성구 한 빌라에서 10살 난 아들이 쓰러져 숨을 쉬지 않는다는 신고가 119에 접수됐다. 출동해 이를 확인한 결과 아들은 온몸에 멍이 들고 숨진 상태였다. 경찰 조사에서 어머니인 30대 여성 A씨가 아들을 때린 것으로 밝혀졌으며, 9살 난 딸도 폭행한 것으로 추가 확인됐다. 이들은 코로나19 확산으로 개학이 연기돼 방학이 길어지며 주로 집에서 일과를 보낸 것으로 조사됐다. (뉴스1 2021. 05. 08)

끔찍한 신문기사입니다. 어떻게 저런 일이 벌어질까 믿기지 않겠지만 이게 현실입니다. 국가에서 가해자들을 엄하게 처벌하고 있고 언론에서도 연일 문제의 심각성을 보도하고 있지만, 그럼에도 불구하고 아동학대 신고 건수는 매년 큰 폭으로 증가하고 있습니다.

아동학대는 말 그대로 어른이나 보호자가 아동을 학대하는 것을 말합니다. 아동복지법 제3조 7호는 아동학대를 '보호자를 포함한 성인이 아동의 건강 또는 복지를 해치거나 정상적 발달을 저해할 수 있는 신체적·정신적·성적 폭력이나 가혹 행위를 하는 것과 아동의 보호자가 아동을 유기하거나 방임하는 것'이라 정의하고 있습니다. 신체적 학대, 성적 학대, 심리적 학대뿐 아니라 단순한 방치나 돌보지 않는 것도 아동학대에 포함됩니다.

최근 '정인이 사건'과 '여행가방 학대 사건' 등이 우리 사회에 큰 충격을 주면서 입양 가정의 아동학대 문제가 수면으로 떠올랐지만, 아동학대 가해자들 중 양부모의 비율은 1%가 채 안 됩니다. 대부분의 아동학대는 친부모에 의해 자행되며 그 비율이

72.3%에 달합니다. 2020년 한 해 동안 전국에서 신고된 아동학대 사례는 112 접수 기준으로 1만 6149건이나 된다고 합니다. (아주경제 2021. 5. 11)

그런데 이런 통계에 포함되지 않는 아주 심각한 아동학대가 따로 있습니다. 온 가족이 함께 목숨을 끊는 '가족 동반자살'입니다. 정확한 집계는 나와 있지 않지만 2019년 언론 보도를 분석한 결과를 보면 1년에 약 30건 정도 발생하고 있다고 합니다.

자살(suicide)은 '자기 자신'을 의미하는 라틴어 sui 와 '죽이다'라는 뜻의 cædo가 합쳐진 말입니다. 즉, 자살의 핵심은 죽음에 대해 스스로가 내리는 판단과 결정입니다. 그런데 동반(同伴)이란 말은 누군가와 무엇을 함께한다는 의미입니다. 혼자가 아니라 둘 이상이 될 때만 가능한 말이지요. 그러니까 동반자살은 '누군가와 함께 목숨을 끊는 행위'를 의미합니다.

여기서 의문이 생깁니다. 여럿이 함께 목숨을 끊는 행위를 자살이라고 할 수 있을까요? 죽음에 대해 같이 논의하고 같이 결정한다는 것 자체가 이미 자살과는 거리가 있습니다. 죽음을 결정하는 과정에 타인이 영향을 끼칠 수 있기 때문입니다. 이런 측면에서 '동반'이란 말은 '자살'과 논리적으로 모순이라는 주장이 가능합니다.

백 번 양보해서 동반이라는 말이 자살과 함께 쓰일 수 있다 하더라도, '일가족 동반자살'이라는 표현은 매우 심각한 문제를 안고 있습니다. 다음은 '동반자살'로 뉴스를 검색했을 때 나타나는 신문기사들입니다.

'○○아파트 화재, 동반자살 가능성'
'○○에서 일가족 4명 동반자살'
'생활고에 장애 아들과 동반자살하려던 아버지 검거'

죽음을 보도할 때 아이가 포함된 가족의 경우는 전혀 다른 차원에서 살펴봐야 합니다. 바로 독립적 인격체인 아이의 권리와 자율성입니다. 생명이란 너무나도 소중한 것이어서 누구도 타인의 삶과 죽음을 대신 선택해 줄 수 없습니다. 부모라고 예외가 될 수는 없지요. 그 아이들은 과연 스스로 삶을 포기하고 죽음을 선택했을까요?

동반자살의 이유는 다양합니다만 공통점이 하나 있습니다. 경제적 이유 때문이건 가정불화 때문이건, 어린 자녀들만 세상에 남겨 둘 수 없다는 생각에서 그런 끔찍한 일을 벌인 것으로 보입니다. 결국 부모가 자녀의 죽음을 선택한 것이지요.

지난 1998년부터 2005년까지 국내 언론에 이른바 '동반자살'로 표현된 일가족 사망 사건을 분석한 연구에 따르면, 부모와 자녀가 함께 죽은 경우가 전체 사건의 절반이 넘었습니다. 또 다른 연구에서는 가족 사망 사건의 '가해자'인 부모의 경우 30대가 55%로 가장 많았고, '피해자'가 된 자녀는 10세 이하가 70%를 차지하는 것으로 나타났습니다. 또 사건의 배경에는 '경제적인 곤란'이 이유인 경우가 전체의 절반 정도를 차지했습니다. 무엇보다 부모 없이 어린 자녀가 혼자 남았을 때 주변 이웃이나 복지제도를 통해 도움을 받지 못할 거라는 생각, 즉 '불신이 크다'는 점도 원인으로 볼 수 있는데요. '한국보건사회연구원'이 부모 자살 후 어린 자녀가 혼자 남는 것보다 함께 죽는 것이 오히려 낫다고 생각하는지 물었더니, 전체 응답자의 3분의 1 가까이가 그렇다고 응답하기도 했습니다. (MBC 이브닝뉴스 2015. 01. 07)

자녀의 삶과 죽음에 관한 판단을 부모가 하는 것이 옳은 일일까요? 아이의 앞날이 걱정된다는 이유로 아이를 먼저 죽이고 목숨을 끊는 부모의 극단적 선택을 어떻게 봐야 할까요? 오죽하면 그런 선택을 했겠냐고 온정적으로 생각해서는 절대 안 됩니다. 이것은 그릇된 가족주의의 병폐이며, 아무리 부모라 하더라도 아이의 생명을 마음대로 좌지우지할 수는 없습니다.

자녀는 부모의 소유물이 아닙니다. 그럼에도 그렇게 생각하는 부모가 많습니다. 부모는 아이의 성공을 같이 기뻐하고 실패했을 때 같이 울어 줄 수 있지만, 아이의 삶이 곧 부모의 삶은 아닙니다. 아이는 온전한 독립적 인격체로서 자신의 삶을 살아가는 존재입니다.

동반자살을 시도하는 부모의 심리에는 자녀를 자신의 소유물처럼 여기는 생각과 혼자 남을 아이에 대한 걱정이 뒤섞여 있습니다. 하지만 아무리 걱정이 크더라도 자녀의 목숨을 빼앗는 건 심각한 아동학대이며 명백한 살인입니다. 정확하게 표현하면 동반자살이 아니라 '자녀 살해 후 자살' 또는 '가족 살인'에 해당합니다. 국제 아동인권 보호단체인 '세이브 더 칠드런'에서 더 이상 '동반자살'이라는 표현을 쓰지 말 것을 한국 언론에 권고한 것도 그런 이유 때문입니다.

'○○아파트 화재…자녀 살해 후 방화 가능성'
'○○에서 자녀 3명 살해 후 아버지도 자살'
'생활고에 장애 아들 살해하고 자살하려던 아버지 검거'

앞에서 예를 들었던 기사 제목들을 이렇게 바꾸면 어떨까요? '동반자살'이라는 익숙한 단어 뒤에 숨은 가족의 비극과 부모의 잔인함이 더 잘 드러난다고 생각합니다.

최근엔 언론에서도 동반자살이라는 표현이 지닌 문제점에 주목하고 있습니다. 얼마 전엔 '동반자살 아닌 살인! 명칭 개정 목소리 커진다'라는 제목의 기사가 실리기도 했습니다.

가족과 함께 극단적 선택을 하려는 행위에 붙는 '동반자살'이라는 명칭을 '살해 후 자살'로 대체해야 한다는 지적이 잇따르고 있다. …한국정신건강사회복지학회는 지난 2017년 「비속살해 양형에 대한 비판적 분석」 논문에서 그 원인을 유교적 가족주의로 꼽았다. 가해자인 부모와 피해자인 자식을 운명공동체로 상정하는 것이다. 문제는 이 같은 인식이 법적 판단에까지 작용해 생활고 등이 감형 사유로 인정된다는 점이다. 이와 관련 곽대경 동국대 경찰사법대학 교수는 "자녀를 '독립적 개체'가 아닌 '소유물'로 보는 인식이 저변에 있다"며 "자신이 죽은 뒤 남겨질 자녀의 경제적 처지를 미루어 비관해 그들의 생명을 거둘 수 있다고 착각하는 것"이라고 설명했다. (파이낸셜뉴스 2020. 11. 20)

이 문제를 기획기사로 다룬 〈한겨레〉의 선담은 기자는 원하지 않는 죽음을 피하려 발버둥치는 아이의 마지막 모습을 한 번도 떠올려 본 적이 없었다고 고백합니다. 선 기자뿐 아니라 우리 모두 그러지 않았을까요? '동반자살이 아닙니다. 극단적 아동학대입니다'라는 제목의 그 글은 이렇게 마무리됩니다.

…우리가 '일가족 극단적 선택' '동반자살'이라는 뉴스 헤드라인 너머의 아동학대를 미처 깨닫지 못하는 동안 많은 아

이들이 귀한 생명을 잃고 있습니다. 너무 늦게 알게 돼 미안합니다. (한겨레 2020. 05. 17)

말을 세심하게 들여다보는 이유는 이처럼 가해자의 시선과 언어로 구성된 표현들이 많기 때문입니다. 동반자살이라는 말 속에는 피해자인 아이들의 입장이 전혀 담겨 있지 않습니다. 내가 무심코 쓰는 말이 혹시 누군가의 일방적 희생을 은폐하고 있는 건 아닌지, 끊임없이 살피고 되물어봐야 할 이유입니다.

마지막으로, 어느 재판부의 판결을 보여 드리고자 합니다. 자폐증을 앓고 있는 딸을 살해한 뒤에 자살을 시도했던 어느 엄마에게 내려진 판결입니다.

"2009년부터 최소 279명(미수 포함)의 미성년 자녀들이 부모의 죽음에 동반됐는데 매달 두 명꼴이다. 이런 비극이 되풀이되는 원인으로, 자녀 살해 후 자살 사건에 대한 온정적 사회 분위기가 지목된다. 동반자살에 숨겨진 우리 사회의 잘못된 인식과 온정주의적 시각을 걷어 낼 필요가 있다. 우리는 살해된 아이의 진술을 들을 수 없다. 동반자살은 가해 부모의 언어다. 아이의 언어로 말한다면 이는 피살이다. 법의 언어로 말하더라도 이는 명백한 살인이다." (중앙일보 2020. 06. 01. 기사 내용 재구성)

판단을 강요하는 표현 ①

"시민을 볼모로 파업을 하다"
: 헌법적 권리에 대한 악의적 비난

다음 주에 학교 식당이 파업이라네요.

아이들 점심으로 빵이나 우유가 나올 것 같은데…

아무래도 추억의 도시락을 싸 주어야 할 것 같네요.

옛날에는 다 도시락 갖고 다녔잖아요.

오랜만에 실력 발휘해 볼까요.

어느 학부모 카페에 올라온 내용입니다. 학교 비정규직 노동자들의 파업으로 사흘간 급식을 제공하지 못했을 때 여기저기서 학부모들이 아우성이었지요. 급식 종사원을 포함한 비정규직 노동자들의 파업에 대해 응원하는 목소리도 있지만, 볼멘소리를 내거나 분노하는 사람들도 많습니다.

학교 식당의 노동자가 파업하면 우선 아이들이 직접 피해를 보게 됩니다. 그래서 학생을 볼모로 삼는다는 비난성 기사가 실리기도 하지요. 이런 식의 보도는 주변에서 쉽게 찾아볼 수 있습니다. 버스나 지하철 노동조합에서 파업을 하면 곧장 '시민의 발을 볼모로 파업'이라는 제목의 기사들이 쏟아집니다. '급식대란' '교통대란' 같은 무시무시한 표현들도 낯설지 않습니다.

16일 지하철, 17일 학교 파업…교통 급식대란 또?
'급식 돌봄 대란' D-1…"학생 볼모로" "불편해도 교육 기회"
아이 건강을 볼모로…'급식대란' 이틀째, 시민들 분통
전국 34% 급식 중단…시민단체 "아이들 볼모로" 비판
대비 않은 정부 노조…뒤늦게 시민 인질 잡고 '네 탓'

2019년 서울대 파업 때도 학생을 볼모로 한다는 기사가 등장했지요. 서울대학교의 기계와 전기 시설을 맡은 노동자들이 파업할 때, 많은 언론에서 파업의 이유보다는 학생들이 불편해한다는 점만을 부각시켰습니다. 정규직 전환 이후에도 임금과 처우가 바뀌지 않아 파업이 불가피했다는 노동자들의 주장은 기사 제목에서 거의 언급되지 않았지요. '파업에

난방 중단, 서울대 도서관 덜덜' '노조 파업에 서울대 도서관 사흘째 덜덜' '취업 준비도 바쁜데… 패딩 입고 덜덜' '냉골 도서관, 애꿎은 학생들만 피해'…. 물론 '직접 고용해 놓고 왜 차별하나요, 서울대 파업' 같은 제목도 있었지만 눈에 잘 띄지 않았습니다.

파업은 헌법에 보장된 노동자의 기본권입니다. 우리 헌법 제33조 1항은 '근로자는 근로조건의 향상을 위하여 자주적인 단결권, 단체교섭권, 단체행동권을 가진다'고 규정하고 있습니다. 단결권은 노동조합을 결성할 수 있는 권리이며, 단체교섭권은 회사 측과 협상할 수 있는 권리입니다. 그리고 단체행동권은 노동자들이 실력 행사를 통해 자신들의 이익을 추구할 수 있는 권리입니다. 파업은 단체행동권의 하나로서, 노동자들이 자신의 주장에 힘을 싣기 위해 업무를 일시적으로 중단하는 집단행동을 말합니다.

파업은 사용자를 압박하는 수단인 만큼 당연히 기업에 경제적 손해를 끼치게 되고, 때에 따라 불특정 다수의 시민에게 불편함을 주기도 합니다. 급식 노동자가 파업하면 학부모들이 아이들 점심을 따로 준비해야 하고, 버스나 지하철 같은 대중교통 노동자가 파업하면 시민들이 이동에 불편을 겪기도 합니다. 그래서 '볼모'라는 표현이 등장한 것이지요.

볼모는 '특정한 약속을 이행하기 위해 상대편에 맡겨 보증으로 삼는 사람'이라는 뜻입니다. 우리는 과거 왕자나 공주를 중국에 볼모로 보낸 역사가 있습니다. 중국이 우리를 통제하기 위해 왕의 식솔을 인질 삼아 데리고 있던 것이지요. 이쪽에선 볼모의 안전 때문에 함부로 약속을 깨거나 저항할 수 없고, 중국에서 시키는 대로 할 수밖에 없습니다. 실로 야비한 강대국의 횡포였던 셈입니다.

시민이나 학생을 볼모로 삼는다는 주장은 노동자가 자기들의 이익을 관철하기 위해 시민과 학생을 인질로 이용한다는 부정적인 인식을 심어 주게 되지요. 파업의 정당성을 부정하고 비난 여론을 조성할 때 주로 사용하는 표현입니다.

하지만 손해와 불편함이 전혀 없다면 파업은 의미 자체를 상실합니다. 파업은 의도적으로 사용자에게 손해를 끼치고 불편하게 만드는 행위이기 때문입니다. 그래야 노동자들의 협상력을 높일 수 있고, 사용자와 동등한 협상을 할 수 있다고 보는 것이지요. 파업으로 인한 기업의 손실이 노동자의 책임이라고 주장하는 사람들도 있지만, 엄밀하게 말하면 노동자와의 협상에 실패한 기업의 책임 또한 존재합니다. 단체협상에 성실하게 임할 책임은 노사 모두에게 있습니다. 파업은 결코 어느 한쪽의 일방적인 책임이 아닙니다.

〈빌리 엘리어트〉라는 영화가 있습니다. 발레를 좋아하는 빌리를 위해 광부인 아버지와 형은 파업 중에도 최선을 다해 그를 지원합니다. 빌리가 아버지와 함께 런던의 학교를 찾아 시험을 치르는 날, 면접관은 면접을 끝내고 돌아가는 아버지에게 파업에서 승리하길 기원한다며 조용히 지지의 뜻을 전합니다. 잠깐 지나가는 장면이지만 지금까지도 진한 감동을 주는 순간으로 기억하고 있습니다.

노동자들은 사용자보다 약자이기 때문에 노동조합이라는 조직을 결성할 수 있는 권리를 법으로 보장받습니다. 개개인의 힘으로는 자신의 뜻을 관철할 수 없기에 다수의 이름으로 회사와 교섭을 하는 것입니다. 약자가 목소리를 내기 위해서는 다수의 힘에 의지할 수밖에 없습니다. 그래서 때로는 다른 업종이나 기업의 노동조합이 지지를 보내고 힘을 보태기도 합니다. 시민들 역시 마찬가지고요. 이걸 '연대(solidarity)'라고 합니다.

시민들의 연대의식이 유독 강하다고 알려진 프랑스에서는 중·고등학교 때 학생들이 직접 노사 협상에 참여해 보는 수업을 한다고 합니다. 노동자의 권리나 노조의 필요성에 대해 일찌감치 배우고 경험하는 이유는 그들이 졸업 이후에 대부분 노동자로 살아가기 때문입니다. 이런 교육 덕분에 프랑스 시민들은 노동자들의 파업을 덮어놓고 비난하지 않으며, 파업으로 인한 일상의 불편을 기꺼이 감수하는 편입니다. 필요할 때는 적극적인 지지와 연대를 보내기도 합니다.

우리의 현실은 어떤가요? 우리나라의 학교들은 노동 교육에 매우 인색합니다. 만약 학교에서 그런 교육을 하면 학생들에게 불순한 사상을 주입한다고 한바탕 난리가 나겠지요. 노동3권은 엄연히 헌법에서 보장하고 있는 시민의 권리인데도 말입니다.

연대의 정신은 우리 모두에게 필요합니다. 도심에서 벌어지는 집회의 내용에 주목하지 않고 단순히 집회 때문에 차가 막힌다는 식으로 보도하는 건 올바른 언론의 태도가 아닙니다. 시민들 역시 마찬가지입니다. 내가 겪는 잠깐의 불편함보다 집회나 파업에 나설 수밖에 없는 당사자들의 절박함이 더 우선시되어야 하지 않을까요? 약자의 처지를 이해하고 서로 공감하는 사회를 만들기 위해서라도 편향된 표현은 자제해야 할 것입니다. '볼모'라는 악의적 표현이 그렇습니다.

그렇다면 파업으로 인한 불편함을 어떻게 받아들여야 할까요? 같이 살아간다는 것은 포용하고 존중하는 삶을 말합니다. 다른 사람들과의 관계를 소중히 생각하고 편견의 시선을 거두는 것에서 출발하지요. 바로 그게 연대의 참된 의미입

니다. 독일의 목사이며 반전 운동가인 니묄러의 시를 여러분
과 함께 나누고 싶네요.

나치가 공산주의자들을 잡아갈 때,
나는 침묵했다
나는 공산주의자가 아니었기에

그들이 사회민주당원들을 감금했을 때,
나는 침묵했다
나는 사회민주당원이 아니었기에

그들이 노동조합원들을 잡아갈 때,
나는 침묵했다
나는 노동조합원이 아니었기에

그들이 유태인들을 잡아갈 때,
나는 침묵했다
나는 유태인이 아니었기에

그들이 나를 잡아갈 때,

나를 위해 항의해 줄 이들이
아무도 남아 있지 않았다.
(마르틴 니뮐러, '나치가 그들을 덮쳤을 때')

    나의 불편함이 사회적 약자의 권리보장으로 이어질 수 있다면, 그 정도는 충분히 감수할 수 있어야 하지 않을까요? 그래야 훗날 내가 파업 당사자가 되었을 때 다른 시민들이 나로 인한 불편함을 이해해 줄 테니까요. 바로 그게 같이 사는 사회의 모습이라고 생각합니다. 이제 연대의 이름으로 볼모의 시선을 거두었으면 좋겠습니다.

제 2 장

차별의 언어

: 무시와 배제가 빚어낸 말들

김여사가 어쩌고···
흑형이 저쩌고···

"김여사"

여성 운전자에 대한 노골적 비하

'운전이 미숙하고 차선을 못 바꿔서 좌회전도 우회전도 못하고 직진만 하는 사람.'

이 문장은 어떤 단어에 대한 설명일까요? 정답은 '김여사'입니다. 주로 인터넷에 돌아다니는 말이지만 가끔 신문과 방송에 등장하기도 합니다. 인터넷 게시판에 실린 교통사고 현장 사진에는 이런 표현들이 종종 따라다닙니다. '김여사의 운전 습관' '김여사 시리즈' '오늘도 맹활약 중인 김여사' 등등.

도대체 김여사라는 말은 어떻게 나오게 되었을까요?

김여사는 우리나라에서 가장 많은 성씨인 '김'에 중년 여성을 의미하는 '여사'를 붙인 말입니다. 아마 동네 곳곳에서 흔하게 볼 수 있는 중년 여성을 가리키는 말인 것 같습니다. 그런데 왜 이 말이 운전이 미숙한 사람을 호칭하는 말로 사용되는 것일까요? 여기에도 일종의 편견이 깃들어 있습니다.

여러분은 아직 잘 모르겠지만 우리 사회에서 운전이 미숙한 사람이 겪어야 하는 설움은 매우 큽니다. 초보 시절 주변 차량의 빵빵거림에 가슴이 두근거리고 안절부절못했던 경험을 운전자라면 누구나 갖고 있습니다. 뒷유리에 '초보운전'이라고 아무리 크게 써 붙여도 다른 운전자들의 배려나 양보는 좀처럼 찾아보기 힘듭니다. 초보 딱지를 뗀 뒤에도 도로에서 조금만 머뭇거리거나 실수를 하면 곧바로 신경질적인 클랙슨 소리와 난폭한 끼어들기에 가슴을 졸여야 합니다.

운전이 미숙하다는 사실이 비난과 조롱의 이유가 될 수는 없습니다. 어떤 영역에서건 능력이 조금 부족하거나 실수를 하는 사람들이 있게 마련입니다. 실수를 지적해 줄 수는 있지만, 그런 사람들을 특정 성이나 계층으로 싸잡아 규정하는 것은 분명한 차별이며 폭력입니다.

'스테레오타입(Stereotype)'이라는 말이 있습니다. 특정 대상이나 집단에 대해 많은 사람들이 갖고 있는 고정관념을 말합니다. 눈이 찢어진 동양인이나 덧니가 나온 일본인, 태권도를 잘하는 한국인, 금발의 서양인 등이 이에 해당합니다. 특정 국가나 인종에 대한 이런 식의 스테레오타입은 특별히 비하의 의미가 없더라도 그 자체로 차별로 간주됩니다. 인종에 대한 편견을 심어 줄 수 있기 때문입니다.

'유대인은 이러이러하다' '전라도 사람은 이러이러하다' '여자는 이러이러하다' 등은 모두 스테레오타입에 해당하며 편견과 차별을 담은 말입니다. 이렇게 특정 집단을 단순화시킨 사고방식은 머릿속의 생각으로 끝나지 않고 현실적인 차별이나 배제, 폭력으로 연결된다는 것을 역사는 증명하고 있습니다. 유대인 학살이 대표적입니다.

김여사라는 말도 일종의 스테레오타입이며 조롱과 차별이 담겨 있습니다. 나이든 여성을 그려 보라고 하면 대개 '뚱뚱하고 안경 쓰고 명품 가방을 들었으며 지하철이나 버스의 빈자리에 무조건 돌진하는 모습'을 떠올리곤 합니다. 그렇게 뭉뚱그려진 게 바로 '아줌마'의 이미지입니다. "우리나라 아줌마들은 다 그래"라는 식의 차별과 편견의 시선에서 한 사람 한 사람의 인격과 권리는 무시되기 십상입니다.

운전 미숙이 비난의 대상이 되어서도 안 되겠지만, 그 비난을 특정 부류에 빗대어 말하는 것은 더욱 좋지 않은 태도입니다. 아무 생각 없이 우스개 삼아 던지는 '김여사'라는 말 속에는 두 개의 차별의식이 깔려 있습니다. 하나는 '여성'이고 또 하나는 '나이'입니다.

우선 여성에 대한 차별을 생각해볼까요? 중년 여성을 대표하는 말이 김여사라면 중년 남성은 김사장이 되겠지요. 만약 운전이 미숙한 사람을 '김사장'이라 부르고 인터넷 게시판에 '김사장 시리즈'를 올리면 어떨까요? 아마 잘 어울리지 않는다고 생각할 것입니다. 일단 남자인 데다, (요즘은 아무한테나 그렇게 부르지만) 기본적으로 능력자를 뜻하는 '사장'이라는 호칭이 붙어 있으니까요.

교통사고는 남성이나 여성의 문제가 아닙니다. 운전의 미숙함 역시 마찬가지입니다. 지극히 개인적인 문제를 여성만의 문제인 것처럼 싸잡아 말하는 것은 우리 사회가 그만큼 남성 중심적 사고가 지배하는 곳임을 보여 줍니다. 여성은 남성에 비해 능력이 부족하고 판단이 미숙하다는 오래된 고정관념입니다.

두 번째 문제는 그 여성이 중년이라는 점입니다. 우리나라에서 중년 여성은 약자인 여성 중에서도 특히 더 약자라고 볼 수 있습니다. 온갖 부정적이고 혐오스러운 모습의 결정체인 '아줌마'는 나이를 기준으로 여성들 사이에 또 다른 차별의 금을 그어 놓습니다. 그것은 젊은 여성과 나이든 여성 사이의 문제가 아니라, 젊은 여성을 선호하는 남성의 시각에 의해 그어진 것입니다.

미숙한 운전자가 남성인지 여성인지도 모르는 상황에서 당연히 중년의 여성일 것이라 단정 짓는 행동에는 남성 중심의 차별적 시각이 담겨 있지요. 여성은 운전을 포함해서 제대로 하는 게 하나도 없고 아줌마들은 특히 더하다는 편견입니다. 남과 여라는 생물학적 차이를 능력의 차이로 간주하고 무시와 조롱의 말을 마구 쏟아 냅니다. 아주 폭력적인 행태입니다.

운전이 미숙한 사람을 김여사라 부르면 남성으로서 자존감이 높아지나요? 일종의 분풀이인가요? 만약 그렇다면 참으로 낯부끄러운 일입니다. 그런 면에서 '김여사'라는 말은 남성 우월주의의 서글픈 자화상이기도 합니다. 이제 김여사란 단어 뒤에 숨어 있는 남성들의 비겁함을 밖으로 끄집어내야 합니다. 그리고 차별과 무시로 빚어낸 그 단어를 운전 관련 단어들의 목록에서 지워 버려야 합니다.

김여사는 '김씨 성의 중년 여성'일 뿐, 그 어떤 비유나 상징으로도 쓰여서는 안 됩니다.

"여성스럽다"

_____ 성차별의 뿌리에 도사린 고정관념

'여성스런 느낌이 나는 향수 ○○○'
'여성스러운 아름다움의 ○○
'여성을 더욱 여성스럽게, ○○○'

위 사례들처럼 여성이 주로 사용하는 상품 광고에서는 여성스러움을 강조하는 문구가 자주 등장합니다. 사전적으로 '여성스러움'은 '언행이나 모습에 여성과 같은 느낌이나 요소가 있다'는 의미입니다. 그래서 섬세함, 약함, 부드러움 같은 특성에 연결해 사용하는 것 같습니다.

심지어 색깔에도 여성스러운 색깔이 따로 있지요. 사진작가

윤정미의 〈핑크 & 블루 프로젝트〉는 그런 사실을 아주 분명하게 보여 줍니다. 방 하나를 가득 채운 분홍색 물건들에 둘러싸인 여자아이, 그리고 온통 파란색으로 둘러싸인 남자아이…. 작가는 우리 삶 속에 깊이 각인되어 있는 '남자는 파란색, 여자는 분홍색'이라는 이분법적 색깔 코드를 여러 해에 걸쳐 카메라 렌즈에 담아 왔습니다.

아이의 성별에 따라 다른 색깔을 부여하는 사회적 관습은 한국이건 외국이건 별 차이가 없으며, 아이들이 태어나기 전 부모들이 신생아 용품을 준비할 때부터 이미 시작된다고 합니다. 그래서일까요? 이 작품은 세계적인 주목을 받았고, 작가는 뉴욕을 비롯한 세계 여러 도시에서 전시회를 열기도 했습니다.

여자아이에게는 핑크색 계열의 장난감이나 문구를, 남자아이에겐 파란색 계열의 문구나 장난감을 사 주는 이유는 어디에 있을까요? 여성과 남성이 각기 다른 성향을 갖고 있으며 그것이 생각이나 행동, 특히 역할에 큰 차이를 가져온다고 생각하는 것 같습니다. 그래서 여성이 뭔가 터프한 행동을 하거나 반대로 남성이 섬세한 행동을 하면 어색하게 받아들이는 것이지요.

그러나 흔히 말하는 남녀의 특성들은 대부분 남성과 여성이라는 생물학적 차이에서 나오는 것이 아니라 개인적인 성향에 해당하는 것입니다. 가령 섬세함은 남녀라는 성적 구분과 상관없이 개인이 갖는 특성이지요. 남성도 얼마든지 섬세할 수 있는데

이를 마치 여성의 특성인 것처럼 생각하고, 여성은 섬세해야 마땅하다고 여기는 것입니다.

생물학적으로 여성과 남성의 차이는 분명 존재합니다. 그러나 그것을 여성과 남성의 고착된 이미지로 만들지는 말아야겠지요. '여성스럽다'는 표현은 개인적 성향에 해당하는 것을 마치 여성의 선천적인 특징인 것처럼 왜곡하는 성차별적 단어이며, 여성에 대한 편견과 차별의 원인이 됩니다. '여성이니까 이래야 한다' '여자가 그러면 안 된다'는 식의 그릇된 생각을 낳게 되는 것이지요.

최근 '여성스럽다'라는 말에 불편해하는 사람이 점점 늘고 있습니다. '남자답다'는 말 역시 똑같은 맥락에서 비판받고 있지요. 토니 포터가 지은 『맨박스』라는 책이 있습니다. 맨박스는 말 그대로 박스에 갇혀 버린 남성성을 뜻합니다. 작가는 "남자는 울면 안 돼, 강해야 해" 따위의 고정관념들, 즉 사회적으로 만들어진 남성성에 대해 비판하고 있습니다. 그는 맨박스에서 벗어나는 용기야말로 진정 남자다운 모습이라고 주장합니다.

예전에는 아무 문제의식 없이 사용하던 '여성스럽다' '남성스럽다' 같은 말이 왜 새삼 불편하게 여겨질까요? 여러 이유가 있겠지만 그만큼 우리 사회의 인권 감수성이 높아졌다는 증거라고 생각합니다. 인권 감수성이란 특정 행동이나 상황에 깃든 반인권적 요소들을 민감하게 인식하고 받아들이는 것을 말합니다. 그 대표적인 영역이 바로 언어입니다. 말은 의사소통의 수단임과 동시에 한 사회의 인권을 측정하는 중요한 기준이기도 합니다.

생물학적 성을 기준으로 고정적인 성 역할을 강요하는 건 아주 오래된 현상입니다. 어른들의 대화에서 많이 등장하는 표현들 중에 '집사람'이라는 말이 있습니다. 국어사전에는 '남에 대하여 자기 아내를 겸손하게 이르는 말'이라고 풀이되어 있네요. 집사람은 말 그대로 집에 있는 사람입니다. 즉, 여성은 집안일에 충실해야 한다는 전제가 깔려 있는 표현입니다. 남편을 가리키는 '바깥사람' 또는 '바깥양반'과 짝을 이뤄 남편과 아내의 역할을 분명하게 구분하고 있는 것이지요.

사실 '아내'라는 말도 마찬가지입니다. 아내는 내부를 뜻하는 '안(內)'과 접미사 '애'가 합쳐진 '안해'에서 변형된 단어로, 이 또한 집 안에 있는 사람을 의미합니다. 한자로 아내를 뜻하는 '지어미 부(婦)'는 여성이 빗자루를 들고 있는 형상이라고 하지요. 결혼한 여성의 위치와 역할에 대한 봉건적 사고방식이 언어와 문자에 깊이 스며들어 있습니다.

설령 옛날엔 그랬다고 하더라도, 21세기인 지금 이 말들은 더 이상 적합하지 않습니다. 특정한 성에 맞는 역할이 따로 정해져 있다는 신념은 오랫동안 우리 사회를 지배해 왔습니다. 그런 낡은 생각에서 벗어나기 위해서라도 평소에 쓰는 말 한마디 한마디에 더 많은 고민을 실어야 합니다.

성 역할에 대한 고정관념이 담긴 언어는 필연적으로 성차별로 이어집니다. '집사람'처럼 무심코 던지는 말도 여성에 대한 잘못된 인식이나 태도를 심어 주기 충분합니다. 물론 지금은 여성이 집 안에만 머무는, 혹은 머물러야만 하는 존재라고 생각하는 사람은 거의 없겠지요. 하지만 특정 문제로 인해 남녀가 대립하는 상황이 발생하면 수면 아래 가라앉아 있던 차별의식이 적대적인 행동으로 떠오르기도 합니다. 최근 페미니즘이나 군 가산점 등과 관련된 논쟁에서 여성의 사회생활을 배척하고 비난하는 일이 버젓이 일어난 이유이기도 합니다.

혹시 '경력단절 여성'이라는 말을 들어 보셨나요? 줄여서 '경단녀'라고도 하지요. 15~54세 기혼여성 중 결혼, 임신 및 출산, 육아, 자녀 교육, 가족 돌봄 등 여러 이유로 직장을 그만둔 여성을 말합니다.

그런데 경력단절이라는 단어는 남성에게는 잘 쓰지 않습니다. 경력단절 남성이라는 표현이 어색할 정도로 여성 친화적(?)인 말이지요. 경력단절은 곧 노동의 단절을 의미하기 때문에 직장에서의 임금 문제와 직결됩니다. 그렇지 않아도 우리나라는 여성의 임금이 남성에 비해 매우 낮은 편인데, 경력단절을 이유로 여성들의 저임금을 합리화하는 것은 아닌지 의심스럽습니다.

'경력'을 사전에서 찾아보면 '지금까지 경험한 직업이나 학력 따위의 일'이라 나와 있습니다. 이런 의미에서 본다면 흔히 말하는 여성의 경력단절은 끊어짐이 아니라 다른 경험을 한 기간으로 봐야 합니다. 아이를 낳고 키우느라 직장을 잠시 접었다면, 단절이 아니라 '출산'과 '양육'이라는 또 다른 경력이 쌓인 것으로 인정해야 하지 않을까요? 남성들이 군대를 다녀온 것이 경력으로 인정되듯이 말입니다. '단절'이란 표현은 마치 그 기간에 아무것도 하지 않고 무의미한 시간을 보낸 것 같은 느낌을 줍니다. '경력단절 여성'은 이처럼 여성들의 사회 기여를 무시하고 저임금과 차별을 교묘하게 정당화하는 표현이기도 합니다.

가랑비에 옷 젖듯이 말은 은연중에 사람들의 행동을 규제하고 통제합니다. '여성스럽다'와 '집사람'이란 말이 '경단녀'에 대한 차별을 당연시하는 불평등한 사회를 만들기도 한다는 점을 분명히 인식해야 합니다. 말은 그 사회의 인권과 정의를 측정하는 중요한 기준임을 거듭 강조하고 싶습니다.

우리가 흔히 말하는 성(性)은 섹스(sex)와 젠더(gender)로 구분할 수 있습니다. 섹스가 선천적으로 결정된 본성이라면 젠더는 후천적으로 만들어진 특성이라고 할 수 있지요. 쉽게 말해 전자는 생물학적 차이를, 후자는 사회학적 차이를 말합니다. 이제 생물학적 차이를 이유로 특정 성에 대해 편견을 갖거나 차별하는 행위를 단호하게 차단하는 '젠더 감수성'이 필요한 시대입니다.

영화나 동화에 등장하는 왕자나 공주의 모습도 바뀌고 있습니다. 디즈니 영화의 남녀 주인공들은 대부분 비슷비슷하고 역할도 딱 정해져 있었습니다. 여자 주인공은 백설공주나 신데렐라처럼 예쁘고 착하고 연약합니다. 이런저런 시련을 겪다가 남자 주인공인 늠름한 왕자에 의해 구출되지요. 그러나 최근 이런 여성상에 변화가 오고 있습니다. 〈겨울왕국〉의 엘사와 안나는 왕자의 힘에 의존하지 않고 스스로 씩씩하게 어려움을 헤쳐 나갑니다. 드레스 대신 바지를, 핑크색 대신 파란색을 여성에게 돌려주었다는 평가를 받기도 합니다.

"여자는 태어나는 것이 아니라 만들어지는 것이다."

프랑스의 작가이자 사상가이며 열정적인 사회운동가였던 시몬 드 보부아르의 말입니다.

"장애우"

_____ 타인의 시선으로 만들어 낸 호칭

"죽느냐 사느냐 그것이 문제로다."

　셰익스피어의 희곡 〈햄릿〉의 유명한 대사입니다. 이 작품의 주인공 햄릿의 이름을 딴 '햄릿 증후군'이란 것이 있습니다. 뭔가 선택해야 하는 상황에서 쉽게 결정하지 못하고 이리저리 고민이 길어지는 증상을 가리키는 말입니다. 유난히 고민이 많았던 햄릿의 성격에서 빌려 온 말이지요. 여러 상품들을 놓고 선뜻 결정하기 어려워하는 소비자의 심리나 경향을 묘사할 때도 이 말을 많이 씁니다.

　'결정 장애'라는 말도 많이 사용합니다. 망설임이 길고 단호하게 결정을 내리지 못할 때 쓰는 표현이지요. 그런데 왜 거기에 '장애'라는 말을 쓰는 걸까요? 아마 사전에 나와 있는 장애의 뜻과 관련이 있겠지요. 장애는 '어떤 일에 방해가 되는 것' 혹은 '신체나 정신에 문제가 있어 본래 기능을 잘 발휘하지 못하는 것'을 말합니다. 결정장애의 경우에는 후자의 의미로 쓰인 것입니다.

그러나 '장애'라는 단어를 이런 식으로 사용하는 건 실제로 장애가 있는 사람들의 인권을 침해하는 행위입니다. 메뉴판 앞에서 음식을 고를 때나 옷가게에서 옷을 고를 때 그런 표현을 쓰는 건 우리가 '장애=문제'라는 사고에 빠져 있기 때문입니다. 흔히 사용되는 '장애 극복'이라는 표현처럼 장애를 극복의 대상으로 여기고 있기도 합니다.

평창에서 열린 2018 동계 패럴림픽(paralympics. 장애인올림픽) 때 일입니다. 평창올림픽조직위원회 임원이 축사를 통해 '장애를 극복한 사례'를 언급하며 선수들을 "승리자이고 영웅"이라 격려했다고 합니다. 당사자들은 그 말이 듣기 좋았을까요? 장애를 극복했기에 영웅이라는 것은 얼핏 찬사의 말 같지만, 알고 보면 차별의 언어입니다. 장애인이 아닌 비장애인의 시선으로 만들어진 말이기 때문입니다. 장애는 비장애인으로 대접받거나 영웅이 되기 위해 이겨 내야 할 그 무엇이 아닙니다.

패럴림픽은 전 세계 장애인 선수들이 선의의 경쟁을 펼치는 감동과 화합의 축제입니다. 직전에 열리는 비장애인 동계올림픽에 비하면 TV 중계 횟수도 적고 국민의 관심도 적지만, 패럴림픽이 주는 감동은 매우 큽니다. 최선을 다한 선수들의 열정과 땀 때문이지요.

장애인 선수나 비장애인 선수나 열심히 운동해서 국가대표가 되었다는 점에서 같습니다. 패럴림픽에 참가한 선수들은 장애가 아닌 자신과의 힘든 싸움, 한계를 극복하는 싸움을 했을 뿐입니다. 장애는 동정이나 극복의 대상이 아니라 단지 한 개인의 특성으로 받아들여야 합니다. 장애인을 뭔가 결핍된 존재라 여기지 않고 있는 그대로 인정할 때 장애는 비로소 '동정과 배려'의 대상에서 벗어날 수 있습니다. 극복되어야 할 것은 장애가 아니라 장애에 대한 편견과 차별입니다.

장애를 극복했기에 승리자이며 영웅이라는 생각은 매우 위험합니다. 장애인 인권운동으로 유명한 티모시 쿡(Timothy Cook, 1953~91)이라는 변호사가 있었습니다. 그를 추모하는 자리에서 누군가 그를 "고인은 전혀 장애인 같지 않았다"는 말로 치켜세웠다고 합니다. 여러분은 이 말이 진정 그를 존중하는 말처럼 들리시나요? 이 말의 문제점은 장애가 있는 사람은 훌륭한 일을 할 수 없는 것처럼 인식한다는 데 있습니다. 장애인을 바라보는 편견을 고스란히 드러내는 사례입니다.

누구의 시각에서 보느냐에 따라 세상은 전혀 달라지기도 합니다. 장애인을 바라보는 시선도 그렇습니다. 뉴욕의 디자이너 사라 헨드런은 2009년부터 기존의 장애인 마크들을 새롭게 바꾸는 '액세서블 아이콘 프로젝트(The Accessible Icon Project)'를 펼친 바 있습니다. 아래 두 개의 그림을 보면 여러분도 차이를 곧바로 느낄 수 있겠지요.

1968: The International
Symbol of Access

2013: The Accessible Icon
Project

기존의 그림은 누군가가 밀어 줘야만 움직일 수 있는 모습이지만 새로운 그림은 장애인 스스로 휠체어를 밀고 가는 모습입니다. 차이는 분명합니다. 장애인을 수동적인 존재로 보느냐, 아니면 능동적인 존재로 보느냐는 거지요. 사라 헨드런은 몇 년 동안 뉴욕시 곳곳의 장애인 표지판들을 당국의 허가 없이 바꾸는 '게릴라 프로젝트'를 진행했습니다. 공무원들은 못마땅해했지만 시민들은 찬사를 보냈지요. 2014년 7월, 뉴욕시는 결국 46년간 유지해 오던 공공장소의 장애인 마크들을 모두 떼어 내고 새로운 표지판으로 교체하게 됩니다.

시선의 차이는 장애인을 부르는 말에서도 찾아볼 수 있습니다. 장애인을 '장애우'로 부르는 경우가 많습니다. 장애우의 우(友)는 친구를 뜻하니까 '장애를 가진 친구' 정도로 해석할 수 있겠지요. 장애인에 대한 사회적 관심과 지원을 높이고 친근감을 표현하기 위한 말로 여겨집니다. 장애인을 친구처럼 대하자는 건 결코 나쁜 말이 아닙니다. 오히려 장애인에 대한 따뜻한 마음이라 할 수 있습니다.

그러나 이 표현은 장애인의 입장에서는 기분 좋은 말이 아닙니다. 장애인의 주체적 입장보다는 타인(비장애인)의 시선으로 만들어진 말인 까닭입니다. 특정 사회집단을 표현할 때는 '노동자'나 '청소년'처럼 당사자들 스스로 자신을 부를 수 있는 단어를 사용하는 게 원칙입니다. 그러나 장애우는 장애인 스스로 자신을 나타내는 말이 아니지요. 단지 남이 불러 주는 이름, 대상화된 호칭일 뿐입니다.

장애인은 배려의 대상이 아니라 당당한 권리의 주체입니다. 장애인을 위한 법과 제도를 만드는 이유는 그들이 시혜의 대상이기 때문이 아니라 비장애인과 동등한 인간이기 때문입니다. 그런 사회적 노력은 장애인에게 베푸는 '친구'로서의 배려가 아니라 인간으로서 갖는 권리를 보장하는 차원이지요. 배려라는 착한 마음도 물론 중요하지만, 그 전에 당당한 권리가 우선입니다.

권리에 대한 몰이해 때문에 장애 학생의 부모는 주민들 앞에서 무릎을 꿇기도 합니다. 2018년, 서울 어느 지역에 장애인을 위한 특수학교를 설립하려는 시도가 주민들의 반대로 난관에 부딪힌 적이 있습니다. 주민들은 왜 그렇게 반대했을까요? 그런 '혐오 시설'이 들어서면 동네 평판이 나빠지고 집값이 떨어진다는 게 주된 이유였지요. 자기네 아이들과 마찬가지로 장애아들에게도 교육받을 권리가 있고, 그건 누가 동의하고 말고 할 일이 아닌데도 말입니다. 결국 공청회 자리에서 장애 학생의 부모들이 주민들 앞에 무릎을 꿇고 호소합니다. 제발 학교를 짓게 해 달라고. 그걸 보며 몹시 마음이 아팠던 기억이 납니다.

장애인 학교를 '특수학교'라고 부르는 건 별도의 자격을 가진 교사와 별도의 시설이 필요하다는 의미일 뿐, 장애아들이 특수한 존재이거나 그들을 교육하는 게 특별한 배려이기 때문이 아닙니다. 그런데도 우리는 장애를 동정이나 배려의 눈으로 바라보는 경우가 많습니다. 비장애인과 비교해 뭔가 모자라고 정상이 아닌 것처럼 바라보는 시선을 거두어야 합니다. 장애인들은 남들이 자기를 다른 시선으로 보길 원치 않으며 특혜를 바라지도 않습니다. 장애를 있는 그대로 인정하고 권리로 바라볼 때, 편견과 차별은 차츰 사라지게 될 것입니다.

예전에는 장애인을 '장애자'라고 낮춰 불렀습니다. 그리고 장애인의 반대말은 '정상인'이었습니다. 장애인은 뭔가 정상이 아닌 사람으로 여겨졌지요. 그러나 지금은 장애가 없는 사람을 비장애인이라 부릅니다. 바뀐 이유는 명확합니다. 장애인은 비정상적인 사람이 아니며, 장애인과 비장애인의 차이는 단지 장애의 존재 여부이기 때문입니다.

장애인을 장애우라 부르면 자칫 장애인을 도움의 대상으로만 생각할 우려가 있습니다. 마치 스스로 밀지 못하는 휠체어에 앉아 있는 장애인처럼 말입니다. 이제 우리가 사용하는 말도 스스로 움직이는 휠체어처럼 바꿔 가야 합니다.

위 표지판은 평창올림픽 때 지역의 업소들이 사용한 것입니다. 사라 헨드런의 의도대로 주체가 되는 장애인의 힘찬 모습을 잘 표현하고 있습니다. 그러나 장애인을 바라보는 시선의 한계 또한 느낄 수 있지요. 진해에서 인권 관련 강의를 할 때 한 선생님이 이렇게 이야기했습니다.

"저 장애인은 저 업소에 들어갈 수 없습니다. 휠체어가 올라갈 수 있는 경사면이 없기 때문입니다."

시각적 표현만으로 본다면 아무 문제없는 그림입니다. 그러나 그 선생님의 지적 또한 타당한 면이 있다고 생각합니다. 장애인을 머리로만 이해하고 만든 것이라 할 수 있지요. 장애인의 삶을 충분히 공감하고 내면화했다면 휠체어가 올라갈 수 있는 경사면을 일부러라도 만들지 않았을까요? 어느 장애인 단체에서 새로 만들었던 아래 그림처럼 말입니다.

이 사례에서 보듯, 장애인과 그들의 삶을 이해한다는 건 결코 쉬운 일이 아닙니다. 당위적으로만 받아들이고 머리로만 이해한 수준에서 멈추는 경우가 많기 때문입니다.

타인을 이해하고 공감하는 건 참으로 어려운 일이고 많은 노력을 기울여야 하는 과정입니다. 저절로 되지 않고 배워야 하는 이유이기도 합니다. 서로 공감하며 함께하는 사람이 되려면 머리만이 아닌 몸과 가슴으로 상대를 바라봐야 하고, 상대방의 입장에서 생각해 봐야 합니다. 그러면 '장애우'가 진정한 공감과 소통의 언어가 아니라는 것을 쉽게 깨달을 수 있으리라 생각합니다.

영화 〈증인〉은 자폐아와 소통하는 올바른 방법을 우리에게 보여 줍니다. 어쩌면 우린 생각보다 훨씬 심각하게 편견에 사로잡혀 있는지도 모르겠습니다. 그런 우리(비장애인) 때문에 장애인들은 '정상인'처럼 행동하려고 애를 씁니다. 그래야만 한다는 강박에 사로잡히기도 합니다. 정상인처럼 보이고 싶었다는 주인공의 말에 갑자기 울컥했던 기억이 나네요. 아직도 가슴을 울리는 주인공의 대사 한마디가 문득 떠오릅니다.

"당신은 좋은 사람입니까?"

그가 말한 '좋은 사람'은 장애인에게 동정의 마음을 가진 사람이 아닙니다. 있는 그대로의 모습을 인정하고 그들의 시선과 입장을 헤아리는 사람입니다. 그런 의미에서, 주인공이 말한 좋은 사람은 '공감할 줄 아는 사람'일 것입니다. 장애인과 비장애인 모두가 더불어 행복한 세상을 만들려면 동정의 언어보다 공감의 언어가 더 필요합니다.

"처남"과 "도련님"

_____ 가족 호칭에 담긴 남성중심주의

이번에도 영화로 이야기를 시작하겠습니다.

〈국가 부도의 날〉 〈마녀〉 〈협상〉 〈완벽한 타인〉 〈상류사회〉 〈허스토리〉 〈스윙 키즈〉 〈치즈 인 더 트랩〉 〈도어락〉 〈인랑〉…. 모두 2018년에 개봉한 우리나라 영화들입니다. 혹시 이 영화들의 공통점을 찾을 수 있겠습니까?

정답을 알려 드리지요. 이 영화들은 2018년에 개봉한 제작비 30억 이상의 상업영화 39편 중 '벡델 테스트'를 통과한 작품들입니다. 벡델 테스트는 1985년에 미국의 만화가인 앨리슨 벡델이 창안한 것인데, 세 가지의 기준을 모두 충족하면 성평등 영화로 인정하고 있습니다.

우선 영화 내에 각자의 이름을 가진 여성이 2명 이상 나와야 합니다. 그리고 여성들이 서로 대화를 해야 하고, 그 대화에 남성과 관련된 내용이 포함되지 않아야 합니다. 어찌 보면 너무나 간단한 기준 같지만 막상 이 조건을 만족하는 영화를 찾기는 쉽지 않습니다. 2018년 우리나라의 경우 39편 중 겨우 10편만이 기준을 통과했으니까요.

여러분이 평소에 보는 영화 속 남성과 여성의 모습을 한번 꼼꼼하게 살펴보시기 바랍니다. 주인공은 여성보다 남성인 경우가 훨씬 많고, 여성 등장인물들 중 이름조차 없는 사람들이 대부분이라는 사실이 아주 놀랍게 느껴지실 겁니다. (제일 간단한 방법은 영화가 끝난 뒤에 엔딩 크레딧에 나오는 등장인물들의 명단을 확인하는 것입니다. 그러면 여성 캐릭터들 대부분이 극중 이름이 없다는 걸 금방 알 수 있습니다.)

영화가 이렇게 남성 중심으로 흘러가는 이유는 무엇일까요? 실제로 우리 사회가 그렇기 때문입니다. 물론 영화는 현실이 아닌 허구의 이야기, 즉 픽션이지요. 그러나 모든 픽션은 현실을 기반으로 하고 있기에, 작품 속에 현실의 모습이 반영될 수밖에 없습니다.

현실 속 남성과 여성의 입장을 완전히 뒤바꾼 영화도 있습니다. 프랑스의 엘레노어 푸리아 감독이 만든 〈억압받는 다수 (Oppressed Majority)〉라는 단편영화입니다. 거리에 웃통을 벗은 여성이 등장하고, 여성들은 남성을 온갖 편견과 차별의 시선으로 바라보고 심지어 폭행하기도 합니다. 현실과는 정반대여서 모든 장면이 낯설기만 합니다.

이런 장면을 연출한 감독의 의도는 무엇일까요? 아마도 여성 차별의 현실을 여성의 관점으로 비틀어서 이야기하고 싶었던 것 같습니다. 물론 비현실적인 내용이지만, 남성 중심의 불평등한 사회를 더욱 극명하게 보여 준다는 점에서 이 또한 현실을 반영한 작품이라고 할 수 있습니다. 단지 좀 색다른 방법을 사용했을 뿐입니다.

남성 중심적인 우리 사회의 모습은 가족을 나타내는 말에서도 나타납니다. 설이나 추석 같은 명절에는 흩어져 살던 가족 친지들이 한자리에 모이지요. 오랜만에 만나서 함께 식사도 하고 그 동안의 안부도 나눕니다. 그런데 이렇게 단란한 자리에서 오가는 말 속에서도 불평등한 사회의 모습이 여지없이 드러나게 됩니다.

언젠가부터 가족 친지가 모일 때마다 굉장히 불편함을 느낄 때가 많았습니다. 처남과 처제, 그리고 도련님과 아가씨라는 호칭 때문입니다. 명절 때마다 신문과 방송에서 심심치 않게 이와 관련된 뉴스가 나오는 걸 보면 저만 그렇게 느낀 건 아닌 모양입니다. 이런 호칭이 어색하고 부담스럽게 느껴지는 가장 큰 이유는 그것이 성차별적 언어이기 때문입니다.

'도련님'은 남편의 남동생을 높여 부르는 말이지요. 반면에 '처남'은 아내의 남동생을 낮춰 부르는 말이라고 합니다. 아내의 오빠까지 '손위 처남'이라 부르는 경우도 많습니다. 남편 쪽은 높이고 아내 쪽은 낮추는 이런 호칭이 여성의 입장에서는 차별로 느껴질 수 있습니다. 남편의 여동생을 '아가씨'라 부르고 아내의 여동생을 '처제'라 부르는 것도 같은 맥락에서 차별적이라 할 수 있습니다.

'시댁'과 '처가' 역시 같은 논리로 볼 수 있겠네요. 남편의 부모님이 계신 시댁은 '댁(宅)'이라고 높여서 부르고, 아내의 부모님이 계신 처가는 그냥 '집(家)'이라고 부르기 때문입니다.

상대를 높여서 부르는 건 좋은 일입니다. 그러나 의도적으로 한쪽은 높이고 다른 한쪽은 낮춘다면 이는 분명 잘못이겠지요. 부부가 평등한 관계라면 서로의 부모나 형제를 부르는 말 또한 평등해야 마땅합니다. 시대가 바뀐 지 오래인데도 아직 전근대적 사회의 차별적인 관행이 남아 있다는 건 안타까운 일입니다.

정부에서도 이런 해묵은 문제점을 해소하려 노력하고 있습니다. 여성가족부가 발표한 '제3차 건강가정 기본계획(2016~2020)'도 그중 하나입니다. 이 계획은 5년마다 수립하는 정부 차원의 가족정책 로드맵으로, 양성평등 관점에서 가족제도와 문화를 개선하는 내용을 담고 있습니다. 물론 그 안에 가족 호칭에 관한 내용도 들어 있지요.

호칭은 단지 문화적 전통일 뿐인데 뭐 그리 꼬치꼬치 따지냐고 반문할지도 모릅니다. 그러나 호칭은 서로의 관계를 드러내는 잣대이고, 사회구성원들이 서로를 부르는 호칭에는 그 사회의 권력관계가 반영되어 있습니다. 우리나라에선 나이가 많거나 높은 자리에 있는 사람에게 말을 함부로 하지 않고 존대를 하지요. 반대로 나이가 어리거나 직급이 낮은 사람에게는 쉽게 반말을 쓰기도 합니다. 우리말의 특징으로 꼽히는 존댓말과 반말은 단순한 언어적 특징이 아닙니다. 한국 사회 특유의 연장자 우대 문화가 언어에 반영된 것입니다.

가끔 편의점에서 아르바이트하는 청소년에게 함부로 반말하는 어른들을 보면 '나이'라는 한 줌의 권력을 말로 행사하는 것 같아 매우 불쾌하게 느껴지곤 합니다. 그 불쾌함은 잘못된 인성을 가진 어떤 개인을 향한 것이기도 하고, 그런 언행의 배경에 깔린 우리 사회의 불평등한 서열구조 때문이기도 합니다.

말은 개인적으로는 사람의 품격을 드러내고 사회적으로는 권력을 드러내는 요소입니다. 우리 사회에선 남성 중심의 권력이 매우 탄탄하게 유지되고 있습니다. 평소 사용하는 호칭에 그런 불평등한 권력관계가 그대로 드러나지요. 원래 불평등한 사회일수록 호칭은 차별적이기 마련입니다. 성차별적 시선이 담긴 호칭을 바꾸려는 노력은 우리 사회를 좀 더 평등한 사회로 변화시키려는 작은 발걸음과 같습니다.

집에서 설거지를 자주 하는 편입니다. 스스로가 제법 가정적이
며 집안일을 분담한다는 걸 내세우느라 가끔 설거지를 '도와준
다'는 표현을 한 적이 있습니다. 그러나 나중에 깨달았습니다. 집
안일은 돕는 것이 아니라 함께 하는 것입니다. 설문조사 자료를
보면 집안일은 남녀가 공평하게 분담해야 한다는 것에 87% 이
상이 동의하고 있습니다. 그러나 실제 가사노동 시간을 보면 여
성은 하루 300분, 남성은 50분이라고 합니다. 왜 이런 차이가
생기는 것일까요?

먼 옛날, 모계 중심 사회에서 남성 중심의 사회로 변화하면서
언어도 사회의 권력관계를 반영했을 거라 여겨집니다. 그 이후
로 오랫동안 남성 중심의 사회가 유지되면서 언어 역시 그 불평
등한 관계를 고스란히 반영해 왔겠지요. 사회가 평등하게 바뀌
어 가도 한번 굳어진 언어는 금방 바뀌지 않습니다. 일종의 지체
현상이 나타나지요. 한편으론 평등한 사회로의 변화를 가로막는
걸림돌로 작용하기도 합니다.

영화 〈82년생 김지영〉은 평단과 관객들의 호평에도 불구하고
영화 평점이 한동안 굉장히 낮았지요. 일부 남성들의 평점 테러
때문이었던 걸로 보입니다. 이 영화를 소개하고 있는 페이지들
은 예외 없이 악의적이고 공격적인 댓글로 넘쳐 났는데, 이렇게

적대적으로 행동하는 이유는 어쩌면 불안 때문인지도 모릅니다. 지금까지 누린 남성으로서의 권력이 사라질까 두려워서 공격적으로 나오는 것입니다.

절망과 희망이 교차하는 현실에서 저는 희망에 더 높은 점수를 주고 싶습니다. 인터넷 공간이 페미니즘을 혐오하는 댓글로 도배되고 여성에 대한 모욕과 비아냥이 난무해도, 서로를 지지하고 연대하는 사람들이 훨씬 더 많기 때문입니다. 대부분의 혐오는 서로를 제대로 알지 못하는 데서 비롯됩니다. 알기 위해서는 책도 봐야 하고 영화도 봐야 합니다. 그 모두가 이해와 공감을 위한 대화의 과정이라고 생각합니다.

어느 신문의 기사로 글을 마무리하겠습니다.

> …〈82년생 김지영〉에 대한 영화 평점 테러도 이어졌다. 이날 기준 약 2만여 명이 참여한 네티즌 평점은 10점 만점에 5.63점이었다. 특히 남성 네티즌의 평점은 1.88점으로 9.47점의 평점을 준 여성 네티즌과 대조됐다. 다만 영화를 본 관객들의 평점은 남성(9.54점)과 여성(9.60점)에 관계없이 높은 점수를 기록했다. (파이낸셜 뉴스 2019. 10. 26)

"불법체류자"

이주민을 향한 혐오와 멸시

미국에 트럼프 정권이 들어선 2017년 이후 불법체류자와 불법 이민자에 대한 편견과 차별이 크게 늘었다는 보도를 다들 기억하시리라 생각합니다. 그 뒤를 이은 바이든 대통령은 취임하자마자 트럼프의 흔적을 지우려고 애쓰고 있습니다. 거기에는 불법체류자에 대한 정책도 당연히 포함됩니다.

오늘 취임하는 조 바이든 대통령의 '1호 법안'은 불법체류자 구제를 골자로 하는 이민개혁안이다. 바이든 대통령은 취임 선서 직후 1100만 명에 달하는 불법 이민자들이 8년 안에 시민권까지 취득할 수 있도록 허용하는 법안을 첫 법안으로 상정한다.

관계자들이 공개한 법안 내용에 따르면 2021년 1월 1일 현재 미국에 거주하는 불법 이민자 가운데 신원조회를 통과하고 세금을 납부하는 등 기본 요건을 충족하는 사람은 유효기간 5년의 임시 체류 신분을 받거나 영주권을 취득할 수 있다. 이후 3년 뒤에는 시민권을 신청할 수 있는 자격을 갖게 된다. 이 법안이 의회를 통과하면 23만 명으로 추산되는 한인 불법 이민자들도 구제를 받게 된다.

(중앙일보 2021. 01. 20)

기사에서 보듯 트럼프 정권과는 여러모로 다른 상황이 기대되지만, 폭증하는 난민과 130만 건이 넘는 추방 관련 케이스 등 해결해야 하는 과제도 산더미 같다고 합니다. 심화된 인종 갈등과 분열을 해소하는 것도 쉬운 일은 아닐 것입니다.

미국과 다르기는 하지만 불법체류자에 대한 우리나라의 사회적 인식이나 상황도 그리 좋지는 않습니다. 아래 기사는 끊임없이 발생하는 사례들 중 하나입니다.

…안산 단원경찰서에 따르면 이날 이주노동자 권익보호 단체는 성폭행 등 혐의로 농장주 A씨(40대)에 대한 고발장을 접수했다. A씨는 지난해 3월부터 올해 1월까지 충남 논산에

있는 자신의 농장 기숙사 등에서 캄보디아 여성 노동자를 상
대로 상습 성범죄를 저지른 혐의를 받는다. A씨는 피해자가
임신하자 병원으로 데려가 강제 중절수술까지 시켰다. 성폭
행을 견디다 못한 피해자가 친구 집으로 도망가자 A씨는 "돌
아오지 않으면 불법체류자로 만들겠다"고 협박한 것으로 전
해졌다. (서울신문 2021. 03. 30)

　요즘엔 우리나라 거리에서도 외국인을 보는 일이 어렵지 않습
니다. 법무부 출입국 외국인 정책본부에 따르면 2021년 2월 기
준으로 국내 체류 외국인은 201만 1259명이며, 그중 약 20%인
39만 1858명이 불법체류자라고 합니다. 국내 체류 외국인의 수
는 국내 총인구의 4%를 넘어섰으며 매년 증가하고 있는 추세입
니다. 그러다 보니 외국인과 함께 살아가는 데 여러 문제가 발생
하기도 하지요. 가장 심각한 갈등이 불법체류자와 관련된 것들
입니다.

　불법체류자는 '국내에 체류하는 외국인 중에서 체류 기간과
체류 목적 등을 위반하여 머물고 있는 자'를 말합니다. 그러나
엄밀하게 말하면 '여러 사정들 때문에 정부가 정한 행정적 절차
에 의해 등록되지 않은 외국인'으로 보는 것이 타당하다는 의견
이 있습니다. 즉 '불법체류자'의 대부분은 범죄자가 아니라 단지
미등록 상태의 외국인 이주민, 또는 미등록 이주노동자를 의미

한다는 주장이지요. 그런 사람들은 국가 행정기관이 정한 등록 절차를 밟거나 체류 연장 등 필요한 조치를 취하면 됩니다. 그럼에도 불구하고 언론에서 '불법체류자'라는 표현을 고민 없이 사용하고 있는 것 같습니다.

불법체류자라 불리는 외국인들이 대한민국의 출입국관리법을 위반한 것은 사실입니다. 법을 어긴 사람에게 불법이라는 딱지를 붙이는 것이 어쩌면 당연해 보일 수도 있습니다.

문제는 행정법규 위반에 해당하는 미등록 외국인들이 마치 반사회적 범죄자처럼 비친다는 점입니다. '불법'이라는 표현 때문에 사회가 그들을 범법자 취급하게 되고, 차별과 혐오의 시선으로 바라볼 수 있다는 지적이지요. 맞습니다. 사람은 그 자체가 목적인 존귀한 존재이기 때문에 사람 앞에 '불법'이라는 수식어를 붙이는 것은 온당하지 않습니다. "존재가 불법일 수는 없다"는 말과 같은 맥락이지요. 불법이라는 말 속에는 인간이 지닌 존엄과 품격이 깃들 수 없습니다.

이런 이유 때문에 유엔에서는 '불법(illegal)'이라는 표현 대신 '미등록 이주민(Undocumented Immigrants)'이라는 표현을 사용할 것을 각국 정부에 권고하고 있습니다. 우리나라의 국가인권위원회 역시 "사람의 존재를 불법으로 표현하는 것 자체가 인권침해가 될 수 있다"며 불법체류자 대신 '미등록 이주민' 또는 '비정규 이주민'이라는 표현을 권장하고 있습니다.

불법체류자라는 말과 함께 자주 사용하는 단어가 '외국인 노동자'입니다. 우리나라에 와서 일하는 외국인을 외국인 노동자라 부르는 게 뭐가 문제일까 싶기도 합니다. 그러나 가만히 생각해 보면, 다른 표현들도 많은데 굳이 '외국인' 노동자라고 표현하는 의도가 있어 보입니다. 너희들은 우리와 동등한 위치에 있는 존재가 아니라는 점을 강조하기 위해 노동자 앞에 그런 수식어를 붙인 것은 아닐까요?

차이를 드러내기 위한 배제의 언어는 현실에서 심각한 부작용을 일으킵니다. 말로만 끝나는 게 아니라 직접적인 사회경제적 피해를 주는 행위로까지 이어지기 때문입니다. '외국인 노동자'들은 한국인과 똑같은 일을 해도 똑같은 대접을 받지 못하는 경우가 많습니다. 노동자의 권리가 '외국인'이라는 이유로 인해 무시되고 차별당하는 것이지요. 외국인 노동자라는 용어는 이렇듯 특정 노동자들의 권리를 제한하는 근거로 사용될 수 있습니다.

그럼 뭐라고 부를까요? 국적이나 외모의 차이를 부각시키는 '외국인 노동자'보다는 국경을 넘어 이주해 온 노동자라는 의미의 '이주노동자'로 부르는 것이 바람직합니다. 국제적으로 통용되는 용어 또한 이방인의 이미지가 강한 'foreign worker'가 아닌 'migrant worker'입니다. 번역하면 '이주노동자'가 되지요. '불법체류자'와 비교해 보면 어감이 확연히 다르다는 걸 금방 느낄 수 있습니다.

불법체류자나 외국인 노동자 같은 말들이 차별과 배제, 혐오의 언어라는 근거는 그 말들이 주로 누구에게 적용되는지를 보면 쉽게 알 수 있습니다. 우리나라에 들어와 일하는 외국인들 중에는 서양인도 있고 동양인도 있습니다. 그런데 '불법체류자'나 '외국인 노동자'라고 하면 어떤 사람들이 떠오르나요? 대부분의 한국인들이 동남아시아 출신의 노동자들을 떠올릴 것입니다. 서양에서 온 백인 남성이나 금발의 여성에겐 불법체류니 외국인 노동자니 하는 말이 왠지 어울리지 않게 느껴지지요. '외국인 노동자 = 불법체류자 = 동남아 출신 = 가난한 나라에서 온 열등한 사람들'이라는 고정관념이 우리를 지배하고 있다는 반증입니다.

트럼프는 멕시코에서 넘어오는 난민을 막기 위해 더 높고 튼튼한 장벽을 세우려 했습니다. 그 거대한 장벽은 혐오와 배제의 상징이었지요. 그런데 미국의 건축가인 로널드 라엘은 이 장벽에 분홍색 시소를 설치하는 프로젝트를 진행합니다. 다음 사진이 그렇게 만들어진 3개의 시소인데요. 이 시소를 재미있게 타기 위해서는 멕시코의 아이들뿐 아니라 반대편의 미국 아이들이 함께 호흡을 맞춰야 합니다. 이 시소가 상징하는 것은 무엇일까요? 바로 존중과 포용이며, 함께 사는 사회일 것입니다.

우리의 언어에도 존중과 포용이 필요합니다. 불법이라는 말은 특정 행위를 가리키는 표현일 뿐, 사람 자체를 규정하고 낙인찍는 데 쓰여서는 안 됩니다. 인간에게 '불법'이라는 수식어가 붙는 순간 잔혹하고 비인간적인 행위가 서슴없이 벌어질 수 있습니다. 나치가 자행했던 유대인 학살이 그 본보기입니다. 홀로코스트 생존자이자 노벨평화상 수상자인 엘리 위젤은 이렇게 말했습니다.

"어떤 사람도 불법적이지 않다(No human being is illegal)."

"학생 할인"과 "학교 밖 청소년"

_____ 모든 청소년들이 다 학생인 건 아닌데

학생 여러분, 곧 3월이네요. 학교 갈 준비는 잘 되고 있나요?
학부모 여러분, 요즘 여러 사회문제로 아이들 안전이 문제인
데요. 휴대폰은 준비하셨나요?
신학기를 맞이하여 학생 할인 50% 요금제를 실시합니다.
초등학생, 중학생, 고등학생만 혜택을 볼 수 있는 특별한 요
금제를 놓치지 마세요.

어느 휴대폰 매장의 광고문입니다. 요금을 50%나 할인해 준다
는 광고는 매혹적입니다. 대상을 보니 학생이군요. 돈이 별로 없
는 청소년에게 할인은 매우 반가운 말이지요. 신학기가 되면 학

교 주변이나 청소년이 많이 다니는 지역을 중심으로 대대적인 판촉행사가 열리곤 합니다. 커다랗게 '학생 할인'이라 써 붙인 상점들도 자주 볼 수 있습니다.

혹시 이런 광고를 보면서 마음에 걸리는 단어가 없었나요? 저렇게 써 붙인 가게에 들어가서 "꼭 학교에 다녀야 할인이 되나요?" 하고 물어보면 어떤 대답이 나올까요? 아마 대부분은 그렇지 않다고 할 것입니다. 학생이라는 신분이 아니라 청소년이라는 나이에 초점을 맞춘 마케팅이기 때문입니다. 그런데 왜 청소년 할인이라 하지 않고 학생 할인이라고 할까요?

우리나라에서 10대부터 20대 초반의 사람들은 대부분 학생으로 여겨집니다. 일정한 나이가 되면 누구나 초등학교에 입학하고, 대부분이 중학교와 고등학교에 다니고, 게다가 80% 이상이 대학까지 진학하는 우리 현실에서 어쩌면 당연한 일인지도 모르겠네요.

그렇다면 학생 할인이라는 말은 아무런 문제가 없는 표현일까요? 그렇지 않습니다. 절대다수가 학생이고 그게 평균이라고 해서 모두가 그런 건 아니기 때문입니다. 학교에 다니지 않는 청소년의 수는 2016년 기준으로 40만 명이 넘는다고 합니다. 결코 적은 숫자가 아닙니다. 이런 상황에서 청소년을 무조건 학생이라 부르는 건 차별이 될 수 있습니다.

학교에 다니지 않는 이유는 다양합니다. 가정 형편 때문일 수도 있고, 몸과 마음이 아파서일 수도 있습니다. 자기가 하고 싶은 일을 맘껏 하기 위해 학교를 떠난 친구들도 많습니다. 학교가 아닌 곳에서 자신의 꿈을 좇아 공부하는 친구들도 늘어나고 있고요. 모든 청소년을 학생으로 여기는 것은 개개인이 처한 특별한 상황을 무시하는 행동입니다.

때론 무심코 던진 시선이 학교에 안 다니는 청소년들에게 상처를 주기도 하지요. 휴일도 아니고 방학도 아닌 평일 대낮에 거리를 걷는 청소년을 보면 저부터도 왠지 삐딱한 시선을 가졌던 것 같습니다. '학교에 있어야 하는 시간에 왜 거리를 배회하는 거지?'라고 생각하며 던지는 차별과 경계의 눈초리 말입니다.

그래도 지금은 많이 좋아진 것입니다. 2000년대 초만 하더라도 청소년들이 대중교통이나 공공시설의 요금 할인을 받으려면 학생증이 반드시 필요했습니다. 학생이 아니면 할인 혜택을 받을 수 없었지요. 학교에 다니지 않는 청소년에 대한 차별이라는 비판이 쏟아졌고, 2003년엔 국가인권위원회에서도 비학생 청소년에 대한 평등권을 침해하고 있다며 문화관광부 장관에게 시정을 권고합니다. 지금은 관련법이 개정되어, 학생이 아니더라도 청소년증을 발급받으면 똑같은 혜택을 받을 수 있게 되었습니다.

우리는 예외를 마치 정상이 아닌 것처럼 생각하는 경향이 있습니다. 그러나 '평균'이라는 것은 산술적 의미만 가질 뿐입니다. 개인에게 중요한 것은 평균이 아니라 각자의 삶입니다. 단 한 명의 청소년이라도 '학생 할인'이라는 문구 때문에 상점 문을 열고 들어가는 걸 주저해서는 안 됩니다. '학생' 할인이 아니라 '청소년' 할인이 적합한 표현입니다.

『평균의 종말』이라는 책을 보면 평균이 개개인의 인격과 특성을 어떻게 무시하는지 잘 설명하고 있습니다. 1940년대 미국에서 신형 전투기를 만들면서, 조종석 의자를 어떻게 제작할지 고민합니다. 수많은 조종사들이 편안하게 앉을 수 있어야 하니까요. 공군은 4000여 명의 조종사를 대상으로 키와 몸무게 같은 체격 조건을 꼼꼼하게 조사했습니다. 평균을 내기 위해서지요. 평균값에 맞춰 제작된 전투기 좌석이 가장 합리적이라고 다들 생각했습니다.

그 의자에서 편안함을 느낀 조종사는 과연 몇 명이었을까요? 결과는 끔찍했습니다. 조종석에 딱 맞는 체형을 가진 조종사는 단 한 명도 없었습니다. 바로 이게 평균이 지닌 함정입니다. 그 나이에는 평균적으로 학교에 다닌다는 사실은 개인에게 큰 의미가 없습니다. 오히려 청소년 개개인을 이해하는 데 걸림돌로 작동합니다.

학교에 다니지 않는 청소년을 보통 '학교 밖 청소년'이라 부릅니다. 이 말에 대해서 잠깐 살펴볼까요?

앞서 말한 것처럼 학교에 다니지 않는 청소년이 점점 늘어나자 정부도 이에 대한 여러 대책을 발표하고 있습니다. 여성가족부는 2015년부터 '학교 밖 청소년 지원법'을 시행하고 있는데요. 학교에 다닐 나이임에도 불구하고 학교에 다니지 않는 청소년을 보호하고 지원하기 위한 법률로, 전국에 200개가 넘는 '학교 밖 청소년 지원센터'에서 상담, 교육, 취업 등의 사업을 펼치고 있습니다.

학교 밖 청소년이 겪는 사회적 편견과 차별을 해소하기 위한 정부의 노력은 매우 긍정적입니다. 그런데 정부가 사용하는 '학교 밖 청소년'이란 말은 언제부터 등장한 것일까요? 이 용어는 서울시가 2012년에 대안교육기관 지원 조례를 만들면서 처음 사용한 것으로 알려져 있습니다. 행정기관에서 처음 사용한 용어지만 지금은 법률과 생활용어로 완전히 자리를 잡은 것 같습니다.

다음 포스터는 학교 밖 청소년이라는 명칭을 바꿔 보려는 노력의 산물입니다. 서울시에서도 명칭 변경을 고민 중이라고 하네요. 정규학교에 다니지 않는 청소년을 가리키는 이 말이 차별의 의미를 담고 있기 때문입니다. 왜 그럴까요? '학교 밖 청소년'은 공교육 기관인 학교의 틀에 포함되지 않는 청소년, 즉 비정규 대안교육기관에 다니거나 직장에서 일하는 청소년을 말합니다. 학교를 기준으로 안과 밖을 구분하고 있는 거지요.

그러나 이처럼 학교가 청소년 집단을 나누는 기준이 되는 순간, 학교 밖에 존재하는 청소년을 차별의 시선으로 바라볼 우려가 커지게 됩니다. 학교 안의 학생들은 보편적인 다수이고 학교밖의 청소년들은 특수한 소수로 인식되기 때문입니다. 그러다 보면 자칫 다수의 학교 '안' 청소년을 정상으로, 소수의 학교 '밖' 청소년은 비정상으로 여겨질 수 있습니다. 학교 밖 청소년이라고하면 자퇴, 퇴학, 일탈 같은 부정적 단어들이 연상된다는 설문조사 결과도 이런 우려를 뒷받침합니다. 공교육의 틀에서 벗어났다고 해서 그 사람이 비정상이거나 문제아인 것은 아닙니다.

모든 사람들이 정해진 제도와 틀에 속해 있어야 한다고 생각하는 건 일종의 고정관념입니다. 청소년은 모두 다 학생이라고생각하는 것 역시 마찬가지입니다. 청소년을 잘 이해하고 공감하기 위해서는 평균적이고 획일적인 구분과 고정된 틀을 깨는 게우선입니다.

차별과 편견을 막기 위해 만든 표현 속에 오히려 차별과 편견이 숨어 있을 수 있다는 사실을 '학교 밖 청소년'을 통해 새삼 깨닫습니다. 그래서 더욱 조심스러워집니다. 말은 최대한 신중하게 사용해야 합니다.

"○○의 여왕"

_____ 왜 남왕이라는 말은 없을까?

'김연아, 명동 거리 빛낸 피겨여왕'

'피겨여왕 김연아의 빛나는 입장'

'피겨여왕, 김연아 인터뷰'

'김연아, 피겨여왕의 귀환'

김연아를 검색하면 등장하는 뉴스의 제목들입니다. 거의 모든 기사 제목에 피겨여왕이라는 수식어가 따라다닙니다. 그만큼 전설적인 선수입니다. 김연아 선수처럼 어느 분야의 최고 능력자에게 흔히 왕이라는 영예로운 호칭이 붙곤 합니다.

그런데 문득 궁금해집니다. 왜 왕이 아니라 여왕일까요?

질문이 좀 이상한가요? 김연아 선수가 여성이니까 당연히 여왕이라 했겠지요.

또 궁금해집니다. 그러면 세계적인 남자 선수는 남왕이라고 하나요? 그런 말은 들어 본 적이 없는 것 같네요. 그래서일까, 말 자체가 참 어색하게 느껴집니다.

왕이 남자인 것은 너무나 당연한 일이었기 때문에 굳이 성별을 표시할 필요가 없었겠지요. 그런데 아주 가끔 여성이 왕위에 오르는 일이 생깁니다. 우리나라는 5천 년 역사에서 3명이 있었고(신라의 선덕, 진덕, 진성여왕), 중국에선 7세기 때의 측천무후가 유일했던 것 같네요. 일본의 경우엔 6~18세기까지 10여 명의 여성 천황이 있었다고 합니다. 워낙 드물다 보니 똑같은 왕인데도 꼭 앞에 '여(女)' 자를 붙입니다. 남과 여를 확실하게 구분하자는 것이지요.

그런데 꼭 그렇게 해야 할까요?

옛날에는 여성이 왕이 되는 것을 매우 낯설게 받아들였던 것 같습니다. 부자연스럽고 비정상적이고, 심지어 바람직하지 않은 상황으로 여겼을지도 모르겠네요. 왕은 언제나 남성의 몫이었으니까요. 여왕이라는 호칭은 단순한 성별 표시를 넘어 역사 속의 왕들을 분명하게 구분하는 기능을 하게 됩니다. 왕(남자)은 일반적이고 보편적인 존재, 여왕은 특수하고 예외적인 존재가 되는 것이지요.

남과 여를 구분하는 일은 권력의 문제와 연결됩니다. 힘이 있는 쪽은 늘 그래 왔기 때문에 굳이 수식어가 필요 없지만, 힘이 없는 쪽은 특별하고 예외적인 경우여서 확실하게 구분할 필요가 생기는 것이지요. 그래서 여성이 남성 중심 사회에서 무언가 달성하거나 일정한 위치에 오르면 반드시 꼬리표를 붙이게 됩니다. 역사 속 여왕들처럼 말이죠. 그런 사례는 우리 주변에서 쉽게 찾아볼 수 있습니다.

서울여성가족재단이 실시한 성차별 언어개선 캠페인에서 시민들이 가장 많이 지적한 차별 사례는 특정 직업 앞에 '여(女)' 자를 붙이는 것이었다고 합니다. 여의사, 여교사, 여직원, 여류작가 등등. 똑같은 직업이라도 남성인 경우엔 '남(男)' 자를 따로 붙이지 않지요. 학교 이름에도 ○○여자중학교, ○○여자고등학교는 있지만 남학생만 다니는 학교를 ○○남자고등학교라고 하지는 않습니다.

직업 앞에 '여' 자를 붙이는 건 여성에 대한 편견의 시선이며 분명한 성차별입니다. 제일 큰 문제는 여성이 그런 직업을 갖는 게 보편적이지 않은 것처럼, 뭔가 예외적인 것처럼 인식하게 만든다는 점입니다. 이는 우리 사회가 남성 중심의 사회임을 은연중에 강조하고 강화하는 기능을 하지요. 뿐만 아니라 여성에 대한 차별을 정당화하는 역할도 합니다. 여성들의 성취가 특별하고 예외적이라는 인식은 그들에 대한 보호나 지원보다는 오히려 불필요한 제한이나 억압으로 이어지기 쉽습니다. 남성 중심의 언어가 갖는 문제입니다.

　남성 중심의 언어가 우리만의 문제는 아닙니다. 영어에서도 남성 중심의 단어가 다수를 차지하고 있습니다. 인류(mankind), 인간(human), 심지어 여성(woman)이란 말까지 인간과 관련된 어휘들은 모두 남성(man)에서 파생된 것입니다. 남성이 man이고 여성이 woman인 것은 여성이 남성으로부터 파생되어 나온 '다른 존재'임을 의미하지요.

　게르드 브란튼베르그의 유명한 소설 『이갈리아의 딸들』은 여성과 남성의 사회적 위치가 완전히 뒤바뀐 세상을 그리고 있습니다. 소설 속 국가인 이갈리아에서 여성은 '움(wom)'이고 남성은 '맨움(manwom)'입니다. 남성은 여성에서 떨어져 나온 존재임을 암시하지요. 남성 중심적 표현인 man과 woman에 대한 비판이 담긴 '미러링(mirroring)'입니다. 거울에 좌우가 바뀐 모습이 비치는 것처럼, 현실과 정반대의 풍경을 작품 속에 그려 낸 것이지요.

　이런 맥락에서 볼 때 매우 아쉬운 TV 프로그램이 하나 있습니다. 2019년에 방영된 트로트 오디션 프로그램 '미스 트롯'입니다. 엄청난 시청률을 기록하면서 그동안 홀대받던 트로트를 주류 음악으로 끌어올렸지요. 그런데 제목에 담긴 '미스'는 한번쯤

짚어 볼 필요가 있습니다.

미스(Miss)는 결혼하지 않은 여성에게 붙이는 호칭으로서, 기혼여성에게 붙이는 미시즈(Mrs.)와 구별되는 단어입니다. 그런데 이는 매우 성차별적인 말이기도 합니다. 남성의 경우엔 결혼 여부에 따라 별도의 호칭을 붙이지 않고 모두 미스터(Mr.)라 부르기 때문이지요. '미스 트롯' 이후에 등장한 남성 오디션 프로그램의 제목도 당연히 '미스터 트롯'이었습니다.

호칭에 담긴 성차별을 비판하며 서양에서 새롭게 등장한 단어가 있습니다. 다름 아닌 미즈(Ms.)입니다. 미스터처럼 결혼 여부와 무관하게 모든 여성에게 붙이는 호칭이지요. 17세기에 영국에서 잠깐 등장했다가 사라진 이 단어는 1970~80년대에 미국의 여권운동가들에 의해 다시 사용되기 시작했고, 90년대부터는 모든 공식석상에서 이 호칭이 쓰이고 있습니다. 성차별적 요소를 제거한 새로운 언어가 사회적으로 정착된 대표적인 사례라고 할 수 있지요.

이런 맥락에서 '미스 트롯'이 아닌 '미즈 트롯'이었으면 더 좋지 않았을까 생각해 봅니다.

말은 현실의 권력과 차별을 드러냅니다. 그러므로 말 자체보다는 불평등한 사회문제를 해결하는 게 더 중요하다고 말할 수도 있겠지요. 그러나 편견이 담긴 말을 바꾸는 노력 또한 중요합니다. 말에는 강한 힘이 있어서 어떤 단어를 사용하느냐에 따라 생각이 달라지고, 그렇게 달라진 생각이 사회문제를 해결하는 데 긍정적 영향을 주기 때문입니다. 우리 사회 성차별 극복의 첫발을 뗀다는 마음으로, 익숙한 호칭들을 하나하나 바꿔 가면 좋겠습니다.

일단 직업이나 학교 이름 앞에서 '여'라는 글자를 모두 제거하면 어떨까요? 남자건 여자건 모두 동등하게 학생이고 교사이고 의사이고 직원일 뿐이니까요. 김연아는 그냥 '피겨의 왕'이라고 부르면 됩니다. 최고 실력의 선수라는 의미이기 때문에 그렇게 불러도 전혀 이상하지 않습니다. 그런데도 굳이 여왕이라 부르고 싶다면, 최고의 남자 선수에게도 '피겨의 남왕'이라는 호칭을 붙이는 것으로 하지요.

팝가수 아리아나 그란데가 2018년에 'God is Woman(신은 여자다)'을 발표하면서 던진 메시지가 있습니다. 이 노래의 뮤직비디오 영상에는 거대한 유리 천장을 부수는 장면이 나옵니다. 유리 천장은 여성의 승진을 가로막는 보이지 않는 장애물을 의미합니다. 여성이기 때문에 받는 사회적 차별을 뜻하지요. 그는 유리 천장을 부수기 위해 노력하는 전 세계의 모든 여성들에게 이 노래를 바치고 싶었던 것 같습니다.

유리 천장을 부수는 일은 여성만의 몫이 아닙니다. 공정하고 평등한 세상을 꿈꾸는 모든 사람들이 함께해야 할 일입니다. 여성 앞에 주렁주렁 붙어 있는 꼬리표를 떼어 내는 일이 그 출발점이 될 수 있습니다.

"노 키즈 존"

_____ 나이 차별은 또 하나의 인종주의

1955년까지만 해도 미국에서는 흑인이 버스를 타면 흑인 전용 좌석이나 혼용 좌석에 앉아야 했습니다. 백인석에 흑인이 앉는 행위는 엄격하게 금지되어 있었지요. 학교, 식당, 버스, 극장 등 공공장소에서 흑인과 백인을 분리하는 '짐 크로우 법(Jim Crow laws)' 때문이었습니다. 노예제는 19세기 중반에 일찌감치 폐지되었지만, 흑인을 차별하고 분리하는 정책은 여전히 남아 있었던 거지요.

그러던 어느 날, 하루 일과를 마치고 집으로 가는 버스에 탄 로자 파크스가 경찰에 체포됩니다. 혼용 좌석에서 백인에게 자리를 양보하지 않았기 때문입니다. 이 사건을 계기로 몽고메리의 흑인들은 버스 승차거부 운동을 전개합니다. 오랜 싸움 끝에 대법원은 시 당국의 조치가 위헌이라는 판결을 내리게 되고, 짐 크로우 법은 마침내 효력을 잃게 됩니다.

여러분은 흑인을 배제했던 백인들의 배타적인 태도를 어떻게 보십니까? 그건 먼 과거의 일일 뿐 지금은 그렇지 않다고 생각할 수도 있겠지요. 그러나 누군가를 차별하고 배제하는 일은 지금도 세상 곳곳에서 벌어지고 있습니다. 피부색이 다르거나 종교가 다르다는 이유로, 재산이나 권력에 차이가 난다는 이유로, 여성이거나 장애인이거나 성 소수자라는 이유로 차별하고 배제하지요. 그 다양한 차별의 이유들 중에는 나이도 포함됩니다.

가끔 '아이들은 출입할 수 없습니다'라는 안내 문구가 적힌 식당이나 카페를 보게 됩니다. 흔히 '노 키즈 존(no kids zone)'이라 부르지요. 대개 5세 미만의 어린이나 미취학 아동의 출입을 금지하는 곳들입니다. 어린이들이 매장에서 소란을 피우기도 하고 그로 인한 안전사고도 종종 발생하기 때문에 일부 업소에서 이런 안내문을 붙이는 것 같습니다. 사고가 발생하면 식당 주인에게도 일정한 배상 책임이 주어지기 때문입니다.

물론 주인 입장에서는 그런 일을 되도록 피하고 싶겠지요. 그렇다면 노 키즈 존은 식당 주인의 선택이고 권한이니까 아무런 문제가 없는 것일까요? 저는 그렇게 생각하지 않습니다. 자기 재산이고 자기의 영업점이라고 해서 모든 걸 자기 마음대로 할 수 있는 건 아닙니다.

만약 장애인이나 노인 또는 여성의 출입을 금지하는 카페가 있다면 어떻게 될까요? 온갖 비판과 비난이 쏟아지고 인터넷이 난리가 나겠지요. 단지 윤리적 차원에서만 그런 게 아니고 어쩌면 법률적 처벌을 받게 될 수도 있겠네요.

아이들을 배제하는 것도 같은 맥락에서 볼 수 있습니다. 나이를 기준으로 출입을 제한할 때는 합당한 이유가 있어야 합니다. 가령 미성년자의 유흥업소 출입을 금지하는 데에는 누구나 수긍할 수 있는 분명한 이유가 있습니다. 그러나 카페나 음식점에 아이들의 출입을 금지하는 건 오로지 어른들의 이익을 보호하기 위해서입니다. 주인의 이익, 혹은 다른 손님(어른)들의 품격 있는 식사 같은 것이겠지요.

일부 아이들의 잘못된 행동 때문에, 정확히 말하면 그럴 가능성 때문에 모든 아이들의 출입을 제한하는 것은 명백한 권리침해입니다. 아이들에 대한 혐오가 담겨 있기도 하지요. 국가인권위원회에서도 노 키즈 존을 표방했던 어느 이탈리아 음식점을 향해 "일률적으로 전체 아이들의 출입을 제한하지 말라"는 권고(2017)를 내린 바 있습니다.

차이를 이유로 누군가를 차별하는 행위는 인권침해가 될 가능성이 큽니다. 이른바 '에이지즘(agism)'도 마찬가지입니다. 우리말로는 '연령차별주의'라고 부르는데, 나이를 기준으로 능력의 유무를 판단하거나 사회 참여의 기회를 박탈하거나 권리를 제한하는 것을 말합니다. 기업에서 직원을 뽑을 때 나이 제한을 두는 것도 연령차별주의에 해당합니다. 2008년에 '연령차별금지법'이 제정되면서 나이에 따른 노골적인 차별은 사라졌지만, 암묵적인 나이 차별은 아직까지도 우리 사회 곳곳에 남아 있습니다.

노 키즈 존에 이어 최근에는 '노 틴에이저 존'까지 등장했다고 합니다. 말 그대로 10대 청소년의 출입을 제한하는 것인데요. 일부 청소년의 소란과 욕설, 흡연 때문이라고 하네요. 그러나 이 또한 일부의 행위를 청소년 전체로 일반화하고 거부하는 것이기 때문에 청소년에 대한 인권침해에 해당합니다. 영·유아와 어린이에서 시작된 차별이 청소년으로까지 이어지면서 연령차별의 대상과 범위가 계속 확산되고 있는 것 같아 쓸쓸합니다.

살다 보면 가끔 나이가 뭐 대단한 벼슬인가 하는 생각이 들 때가 있습니다. 우리나라에선 처음 만난 사람에게도 쉽게 나이를 물어보고 그걸로 서열을 정하곤 합니다. 중요한 판단이 필요할 때 나이를 엄청 강조하기도 하지요. 나이가 적으면 합리적인 판단 능력이 떨어진다고 생각하기도 하고, 한 살만 차이가 나도 윗사람 행세를 하며 상대에게 깍듯한 태도를 요구하는 경우도 드물지 않습니다.

서울대학교 서이종 교수는 레이시즘(racism, 인종차별주의)만큼 심각한 것이 '키즈시즘(Kids-cism, 아동차별주의)'이라고 말합니다. 어리다고 무시하고 배제하는 사회는 민주주의 사회가 아닙니다. 민주주의는 사회구성원 모두가 동등한 권리를 누리고 존중받으며 자기 목소리를 내는 사회입니다. 아무리 자기 소유의 점포라고 해도, 나이를 기준으로 이런저런 제한을 두는 것은 비민주적이며 반인권적인 행위일 뿐입니다.

노 키즈 존은 이른바 '무개념 부모'의 문제이기도 합니다. 커피잔에 오줌을 누이거나 테이블 위에 똥기저귀를 버리고 가는 식의 행태들이 인터넷에 자주 등장하지요. 몇몇 부모나 보호자들의 몰상식한 행동이 애꿎은 아이들에 대한 차별로 이어지고 있는 셈입니다. 잘못은 어른들이 저질러 놓고 책임을 아이들에게 전가하는 건 정의롭지 않지요. 어른이 문제라면 해결책 또한 거기에서 찾아야 하지 않을까요? No Bad Parents Zone! 나쁜 부모의 출입을 금지한다는 어느 카페처럼 말입니다.

어린이와 청소년에게는 제한과 통제보다는 권리 보장을 위한 더 많은 관심과 보호가 필요합니다. 노 키즈 존은 단순히 식당 출입을 막는 차원이 아니라, 어린이를 혐오하고 그들의 존엄과 권리를 무시하는 차별 행위입니다. 이제 노 키즈 존을 둘러싼 논란을 어린이의 안전과 보호에 관한 사회적 논의로, 어린이 안전지대(kids safety zone)에 관한 고민으로 발전시켜야 할 때입니다. 개구리 올챙이 적 생각 못 한다고, 혹시라도 어린이를 '내게 피해를 주는 귀찮은 존재'로 여기고 있지 않은지 저와 여러분 모두가 한번씩 돌아볼 일입니다.

"코시안"과 "흑형"

_____ 인종차별과 인간에 대한 색깔론

다음 그림은 노먼 록웰의 1964년 작품입니다. 학교 가는 학생의 앞뒤로 건장한 체격의 어른들이 보디가드처럼 서서 같이 등교하네요. 이 학생은 루비 브리지스라는 흑인 소녀입니다. 1960년에 미국 뉴올리언스의 백인 학교에 입학해 등교하는 모습인데, 테러의 위협 때문에 보안관의 보호를 받는 장면을 그린 것입니다.

피부색으로 인한 논쟁과 갈등은 예나 지금이나 지구촌에서 끊이지 않습니다. 1960년이면 미국에서 노예가 해방되고 100여년이 지난 시점이지요. 그런데도 저렇게 특별한 보호가 필요했던 걸 보면 그때까지도 흑인에 대한 차별과 폭력이 매우 심했던 모

양입니다.

　인종차별의 흔적은 아직도 전 세계에 남아 있고 여전히 진행 중입니다. 잉글랜드 프리미어리그에서 활약 중인 손흥민 선수는 세계적인 스타가 되었지만 가끔 상대팀 선수나 관중들의 인종차별적 언행 때문에 고통을 받기도 합니다. 그때마다 한국의 팬들은 몹시 분개하지요. 그런데 사실 우리나라도 크게 다르지 않습니다. 크레파스의 '살색'이 '살구색'으로 바뀐 지 오래지만 인종이나 피부색을 둘러싼 차별과 무시의 말들은 아직도 여전합니다. 그중 몇 가지를 살펴보겠습니다.

　'코시안(Kosian)'이라는 말이 있습니다. 한국인(Korean)과 아시아인(Asian)의 합성어입니다. 한국인과 동남아시아 출신 이주 노동자 사이에서 태어난 자녀를 의미하지요. 처음에는 국제결혼으로 태어난 아동의 인권과 권익을 위한 말로 사용되었다고 합니다. 그러나 지금은 오히려 그 아이들을 한국인과 '다른' 존재로 구분하는 차별적 언어로 쓰이고 있습니다. 안타까운 일입니다.

동남아시아 출신 이주노동자들의 삶은 그리 넉넉하지 못합니다. '불법체류자'라는 말을 들었을 때 제일 먼저 떠오르는 것도 그들이지요. 그러다 보니 코시안도 좋은 의미보다는 좋지 않은 편견의 의미로 쓰이게 된 것 같습니다. 게다가 우리는 단일민족이라는 자부심(?)이 매우 강한 민족입니다. 그래서 피부색이 조금만 달라도 이상한 눈빛으로 바라보고는 합니다. 그러나 많은 학자들이 지적하고 있듯이 '단일민족'은 일종의 역사적 환상이며 배타적인 혈통주의에 가깝습니다.

인류 역사에서 민족주의의 등장은 그리 오래된 일이 아닙니다. 유럽의 경우 근대국가가 성립되는 과정에서 공통의 끈을 형성하기 위해 '민족'이라는 개념을 강조하기 시작합니다. 우리나라도 빈번한 외세의 침입에 맞서는 과정에서, 특히 일제강점기를 거치면서 한민족이라는 강력한 동질감이 형성됩니다. 스스로를 다른 민족이나 국가와 구별 짓는 민족주의는 단합과 발전의 토대가 되며, 식민지 시대에는 독립운동의 강력한 원동력이 되기도 합니다.

그러나 내부의 동질성을 강조하는 만큼 외부의 존재를 적대시하고 배척하는 경향이 심해진다는 문제점 또한 있습니다. 아리안

족의 순수 혈통을 강조했던 나치즘이 대표적인 사례가 되겠지요.

21세기는 외부와의 교류 없이 폐쇄적으로 살 수 있는 시대가 아닙니다. 배타적인 민족주의는 국수주의, 민족우월주의, 자민족 중심주의와 맥을 같이합니다. 이런 시각은 타 민족이나 인종에 대한 혐오와 차별의 바탕이 되고, 나치의 유대인 학살 같은 극단적 인종주의로 흐르게 될 가능성이 있습니다.

함께 사는 사회는 기본적으로 열린 사회를 지향합니다. 다른 존재를 인정하고 존중하는 자세야말로 '함께 살기'의 기본이기 때문입니다. 유엔의 인권조약에는 혐오와 차별을 막기 위한 조항들이 명시되어 있지요. 우리나라 국가인권위원회와 여러 정당 및 시민단체들이 제정을 추진 중인 포괄적 차별금지법은 차별금지의 기준과 영역을 다음과 같이 규정하고 있습니다.

> '성별, 종교, 나이, 사회적 신분, 출신 지역, 출신 국가, 출신 민족, 언어, 장애, 용모 등 신체 조건, 임신 또는 출산, 가족 형태 또는 가족 상황, 인종, 경제적 지위, 피부색, 사상 또는 정치적 의견, 성적 지향, 성별 정체성, 병력, 징계, 성적 등'

보시다시피 인종과 피부색도 차별 금지 항목에 포함되어 있습니다. 우리는 흔히 '혼혈'이라는 표현을 쓰곤 하는데요. '피가 섞였다'는 의미의 혼혈은 순수함에 대비되는 부정적 의미를 담고 있습니다. 코시안 역시 마찬가지입니다. 혈통주의에서 비롯된 차별과 혐오의 말이지요. 혈통주의는 외국인에 대해 배타적일 수밖에 없습니다. 그들이 혈통의 순수성을 훼손한다고 보기 때문입니다.

주목해야 할 것은, 백인과 결혼해서 낳은 자녀에게는 코시안 같은 차별적 호칭을 사용하지 않는다는 사실입니다. 일본인과의 사이에서 태어난 아이들 역시 코시안에 해당되지 않습니다. 오로지 우리보다 열등하다고 여기는 동남아시아 사람과의 결혼에서만 코시안이 태어나는 걸 보면, 이 말은 한국인들의 인종적 우월감을 반영하고 있는 것으로 보입니다. 백인들이 철저히 자신들의 시각에서 '유색인종(colored races, non-white people)'이라는 말을 사용하는 것처럼 말입니다.

피부색을 기준으로 한 차별적 언어 중에는 흑인을 대상으로 하는 표현이 많습니다. 검둥이, 흑형, 흑누나 등등. 모두 편견과 경멸, 혐오를 담은 말들입니다.

그런데, 검둥이라는 말은 누가 봐도 인권침해에 해당하지만 '흑형'은 좀 다르게 생각하는 친구들이 있는 것 같습니다. 형이란 말이 갖는 어감 때문에 친근감의 표현이라고 여기는 학생들도 있습니다. 뛰어난 흑인 운동선수를 종종 그렇게 부르는 걸 보면 부러움의 표현 같기도 합니다. 하지만 설령 그 말이 좋은 의미로 사용된다 하더라도, 피부색으로 사람을 구분하는 것 자체가 이미 차별이라는 것을 분명히 지적하고 싶습니다.

얼마 전 가나 출신 방송인 샘 오취리가 졸업식에서 흑인 분장을 하는 한국 학생들을 비판했다가 호된 역풍에 휩싸인 바 있습니다. 그걸 보면서 몹시 답답하고 안타까웠던 기억이 납니다. 얼굴에 검은색을 칠하는 '블랙 페이스(black face)'는 국제사회에서 인종차별적 행위로 널리 알려져 있으며 일종의 금기에 해당합니다. 학생들의 의도가 그게 아니었다고 해서 그런 행동이 용인될 수는 없습니다. 흑형 역시 같은 맥락에서 봐야 합니다. 중요한 건 말하는 이의 주관적 의도가 아니라 사람을 구분하는 기준과 방식이기 때문입니다.

『선량한 차별주의자』에 보면 어떤 말이 좋은 말인지 나쁜 말인지 확인하는 가장 좋은 방법이 나옵니다. 그 말이 가리키는 대상, 즉 당사자들에게 어떻게 들리는지 직접 확인해 보는 것이지요. 흑형은 어떨까요? 난민 출신의 흑인 유튜버 조나단과 라비 형제도, 흑인 아버지를 둔 모델 한현민도 그 말이 인종차별적으로 들린다며 제발 그렇게 부르지 말아 달라고 호소한 바 있습니다. 부디 우리 사회가 그들의 호소에 진지하게 귀를 기울였으면 합니다.

'제노포비아(zenophobia)'란 말이 있습니다. 이방인을 의미하는 '제노(Xeno)'와 공포를 뜻하는 '포비아(phobia)'가 합쳐진 말로서, 외국인에 대한 혐오감을 뜻하지요. 상대가 나를 해칠지 모른다는 생각이 우리에게 공포를 주지만, 상대에 대한 무지나 낯섦 또한 공포의 주된 원인으로 작용합니다. 익숙하지 않은 존재에 대한 두려움은 무지나 오해에서 비롯될 수도 있다는 얘기입니다. 그런데도 무조건 거부하고 배척한다면 어떻게 될까요? 이주노동자에 대한 우리 사회의 차별도 그런 차원에서 해석해 볼 수 있습니다.

이제 시간을 갖고 서로 알아 가고 이해하고 익숙해지려는 노력이 필요합니다. 코시안 대신 '온누리안(onnurian)'이라는 말을 사용하자는 몇몇 분들의 제안도 그런 노력의 일환이지요. 우리말인 '온누리'에 사람을 뜻하는 '안(-an)'을 붙인 단어입니다. 물론이런 대안의 말도 필요하지만, 국제결혼을 한 가정이나 자녀를 굳이 구분해서 부르지 않는 것이 가장 좋은 대안이 아닐까 싶습니다.

언어는 사람들의 의식을 반영하고 행동에 영향을 끼칩니다. 편견이나 고정관념이 담긴 말은 현실의 차별과 혐오를 정당화하고 강화시키기 마련입니다. 인류 최악의 범죄로 꼽히는 나치의 유대인 학살도 처음에는 유대인을 혐오하는 말에서 시작되었음을 잊지 말아야 합니다.

영화 〈그린북〉에는 1960년대에 미국에서 음악으로 차별에 저항하는 피아니스트가 나옵니다. 어느 흑인 피아니스트가 인종차별이 심한 남부를 돌며 공연하는 어려운 길을 선택합니다. 인종 차별에 맞서기 위한 의도적인 투어입니다. 흑인인 그가 뒷좌석에 앉고 그에게 채용된 이탈리아계 백인이 운전대를 잡은 모습이 처음에 낯설었지만 곧 익숙해집니다. 잔잔하게 많은 감동을 주는 영화입니다.

이 영화의 제목인 '그린북'은 뭘 말하는 것일까요? 흑인을 받아 주는 숙소 목록이 적혀 있는 여행 안내서입니다. 흑인이 남부를 안전하게 여행하려면 반드시 지참해야 했던 책이지요. 우리나라에서 살아가는 외국인들에게도 이런 안내서가 필요한 세상이 올까 두렵습니다. 부디 기우이기를 바랍니다.

처음에 보여 드렸던 그림의 제목을 얘기하지 않았네요.
'우리가 함께 사는 문제'입니다.

"당신이 사는 곳이 당신을 말해 줍니다"
: 사람은 기생충이 아니다

"당신이 사는 곳이 당신을 말해 줍니다"

오래전 어느 아파트 광고에 등장했던 카피입니다. 말 그대로 선풍적인 인기를 끌었지요. 많은 사람들이 이 광고를 보며 고개를 끄덕였습니다. 그 아파트는 아주 높은 가격에 분양되었고, 거기 주민들은 '나를 말해 주는' 그 품격 있는 집에서 큰 만족감을 느꼈겠지요. 그때부터 아파트마다 무슨 캐슬, 무슨 빌 같은 고급스러운 이름이 붙기 시작합니다. 그 전에는 그냥 건설사 이름을 따서 대우아파트, 현대아파트 같은 식으로만 불렸었지요.

우리 조상들은 좋은 땅에 묻혀야 자손이 부귀영화를 누리며 잘산다고 생각했습니다. 그래서 명당으로 꼽히는 좋은 묫자리를 찾기 위해 동분서주했지요. 이렇게 지형이나 산세 등을 보고 좋은 집터나 묘지를 구하는 것을 '풍수지리'라 합니다. 지형이 운명을 결정한다는 생각이 과거의 풍수지리설이라면, 오늘날 우리가 사는 곳은 어떤 의미일까요?

누굴 만나 첫인사를 나누는데 대뜸 사는 곳이 어디냐고 묻는 경우가 있습니다. 이럴 때 참 기분이 언짢습니다. 그게 대체 왜 궁금한지 의문이기도 하고요. 우리나라에는 낯선 사람을 만나면 고향이나 출신 학교, 나이, 직업 등을 꼬치꼬치 물어보는 오랜 관행이 있습니다. 그러다 뭐 하나라도 연관성이 발견되면 몹시 반가워하고 쉽게 친해집니다. 금방 선후배가 되기도 하고 고향 친구가 되기도 하고 동지가 되기도 합니다. 어색함과 불편함을 빨리 없애고 싶어서이기도 하고, 뭔가 연결되는 구석이 있으면 동질감과 안정감을 느끼기 때문에 그러기도 하겠지요. 하지만 나이나 직업, 고향, 학교 등은 민감한 개인정보이기 때문에 만나자마자 그런 걸 묻는 것은 바람직하지 않습니다. 최근에는 사는 곳 역시 상대를 파악하는 데 중요한 정보가 되고 있는 모양입니다.

사람에겐 자기가 속한 무리를 다른 무리와 구분 짓고 싶어하는 성향이 있는 것 같습니다. 사회경제적으로 비슷한 부류의 사람들과 모여 사는 걸 좋아하고, 수준이 다른 사람들과 한데 섞이길 싫어합니다. 강남의 어느 아파트 담벼락은 마치 성곽과 같습니다. 누구나 편하게 드나들 수 있는 아파트가 아닙니다. 다른 동네와 철저하게 분리된 그들만의 공간에서 그들만의 삶을 사는 것이지요. 단절과 폐쇄의 문화입니다.

사람이 사는 모습은 공간에 따라 많이 달라집니다. 삶 자체가 다르지요. 복지와 환경, 교통, 의료, 교육 등 거의 모든 분야에서 차이가 납니다. 집값도 당연히 달라서 서울의 부동산 가격은 수도권 다른 지역보다 비싸고, 지방으로 갈수록 그 차이는 더 벌어집니다. 같은 서울이어도 강북과 강남은 또 엄청난 차이가 있습니다. 같은 평수라고 해서 다 같은 아파트가 아닌 셈입니다.

물론 사람이 사는 곳이 다 같을 수는 없습니다. 예전부터 사회경제적 차이에 따라 삶의 공간에는 큰 차이가 있었습니다. 높은 담으로 둘러싸인 고관대작들의 주거 공간과 일반 백성의 허름한 주거 공간이 확연히 나뉘어 있었지요. 그러나 집의 규모나 외형이 그곳에 사는 사람들의 전부는 아닙니다. 집이라는 건 단지 물리적 공간일 뿐이고, 인간의 삶은 단순히 그것만으로 평가되는 게 아니니까 말입니다.

그런데 최근에는 좀 달라졌습니다. 앞에서 본 광고 카피처럼, 사는 곳이 그 사람의 모든 걸 말해 준다고 여기는 세상이 된 것 같습니다. 집을 보고 사람을 판단하고 아파트 브랜드가 인간의 가치를 결정하는 사회! 짧은 카피에 담긴 천박한 물질주의의 민낯에 마음이 아프지만, 더 심각한 문제는 이 말이 현실에서 차별과 배제를 강화한다는 점입니다.

최근 유행하는 아이들의 언어에도 그런 문제점이 고스란히 담겨 있습니다. '빌거'나 '휴거' 같은 혐오의 말들이 바로 그것입니다. '빌거'는 빌라에 사는 거지, '휴거'는 휴먼시아(주공아파트)에 사는 거지라는 뜻입니다. 최근에는 전세와 월세를 조롱하는 '전거(전세 거지)'와 '월거(월세 거지)'라는 말까지 등장했다고 합니다.

누가 우리 아이들을 이렇게 만들었을까요? '가난하고 지저분한' 임대아파트 아이들의 통행을 막기 위해 바리케이드를 치고, 자기 아이들을 주공아파트 아이들과 놀지 못하게 하고, 사는 곳을 기준으로 사람을 판단하는 어른들입니다. 집이 인간의 서열을 결정하는 '주택 계급사회'가 되어 버린 것 같습니다.

사는 곳이 당신을 말해 준다는 표현이나 자신이 사는 곳을 부끄럽게 여기는 세태는 나쁜 사회의 전형적인 모습입니다. 주거 공간을 구분함으로써 자신의 존재를 드러내고 싶은 욕망은 우리로 하여금 함께 살아가는 사회와는 정반대의 길을 걷게 합니다. 인간의 가치는 사는 곳에 따라 달라지지 않습니다. 도시건 농촌이건, 고급 아파트건 주공아파트건 인간은 똑같이 존엄하고 평등한 존재이기 때문입니다.

모두 평등한 인간이라는 보편적 가치는 모두 존중받는 삶을 살아야 한다는 선언으로 이어집니다. 그래서 더욱 사는 곳이 중요합니다. 사는 곳이 당신을 말해 주기 때문이 아니라, 인간으로서 존엄과 품위를 유지할 수 있는 주거 공간이 필요하다는 점에서 그렇습니다. 사람이 사는 공간은 인간답게 살 수 있는 곳이어야 합니다. 도시의 쪽방이나 두 평 남짓한 고시원이 인간다운 삶을 보장할 수는 없습니다. 주거복지가 복지의 여러 영역들 중에서도 특히 중요한 이유입니다.

결국 중요한 것은 공간의 크기나 외형이 아니라 그곳에서 어떻게 사는가의 문제인 것 같습니다. 타인을 배척하는 폐쇄적인 삶을 사는지, 아니면 서로 공감하는 열린 삶을 사는지의 문제이기도 합니다. 주거 공간은 그곳에 사는 이의 존엄성을 훼손하지 않을 만큼 충분해야 하며, 공간이 편견과 차별의 근거가 되어서는 안 된다는 두 가지 원칙을 다시 한번 새기고 싶습니다.

2020년에 아카데미 감독상과 작품상, 국제영화상을 휩쓴

영화 〈기생충〉은 호화로운 지상과 빗물이 쏟아지는 반지하, 그리고 더 아래에 숨겨진 지하가 얼마나 다르고 얼마나 단절되어 있는지를 적나라하게 보여 줍니다. 이 영화가 세계적으로 높은 평가를 받은 이유는 무엇일까요? 인간 세상에서 생겨나는 불평등, 특히 주거 공간에 따른 차별과 배제가 모든 나라의 공통된 문제이기 때문일 것입니다.

  불평등을 다룰 때 가장 중요한 것은 문제를 바라보는 시선입니다. 시선에 따라서 결론이 완전히 달라지기 때문입니다.

"냄새가 다르다"는 영화 속 대사처럼, 단절된 공간에서 살아가는 사람들은 우리와 전혀 다른 존재가 되기도 합니다. 반지하와 지하라는 열악한 공간이 인간의 존엄성에 상처를 입히듯, 지상에서 그들의 존재 자체를 거부하고 배척하는 것 또한 인간의 존엄성을 심각하게 해치는 행위입니다. 이런 세상이 우리가 바라는 세상은 아니겠지요.

앞의 사진을 보면 여러분은 어떤 생각이 드시나요? 노숙자를 막기 위한 벤치와 건물 외벽의 모습입니다. 사회적 약자를 향한 불편한 시선 속에 인간의 존엄성은 설 자리가 없습니다. 누군가를 향한 그릇된 시선은 이렇듯 공간에 대한 차별과 배제로 이어집니다. 당신이 사는 곳이 당신을 말해 주는 것이 아니라, 당신이 만든 공간이 당신을 말해 주는 것 아닐까요?

제 3 장

편견의 언어
: 언어에 덧씌워진 색안경

"미혼모"와 "미망인"

_____ 정상과 비정상에 대한 시대착오적 기준

최근의 통계나 설문을 보면 결혼에 대한 젊은 층의 생각이 참 많이 달라졌다는 생각을 하게 됩니다. 아래 기사를 보면서도 그랬지요.

통계청이 30일 발간한 『통계플러스 2021년 봄호』에 실린 '저(低)혼인 시대, 미혼남녀 해석하기' 연구 보고서에 의하면 결혼에 대한 인식은 미혼여성이 미혼남성보다 더 부정적으로 나타났다. 결혼하지 않은 30~44세 남녀를 대상으로 결혼 필요성에 대해 조사한 결과 "결혼을 반드시 해야 한다"는 응답은 남성이 13.9%였다. 반면 여성은 3.7%로 격차는

10.2%p에 달했다.

결혼을 "하는 편이 좋다"는 의견은 남성이 31.5%, 여성이 17.7%로 13.8%p 벌어졌다. "해도 좋고, 하지 않아도 좋다"는 견해는 남성이 45.9%, 여성이 61.6%로 여성이 15.7%p 높았다. "하지 않는 게 낫다"는 답변은 남성이 6.4%, 여성이 15.5%였다. (국민일보 2021. 03. 30)

젊은이들이 결혼을 기피하는 이유는 다양합니다. 취업난, 경제적 어려움, 출산과 양육의 부담 등등. 무엇보다도 결혼에 대한 인식 자체가 과거 세대들과 전혀 다릅니다. 예전에는 나이가 들면 누구나 결혼해서 아이 낳는 걸 당연하게 여겼습니다. 그러나 요즘 세대는 결혼을 일종의 선택 사항으로 여기는 것 같습니다. 필요에 따라 할 수도 있고 안 할 수도 있다는 거지요. 아무튼 자기의 꿈을 포기하면서까지 결혼을 하겠다는 사람은 별로 없어 보입니다. 자녀에 대한 생각 역시 마찬가지입니다.

요즘엔 미혼은 물론이고 젊은 부부들도 명절이나 집안 행사로 친척들이 모이는 자리에 되도록 가지 않으려 한답니다. 사방에서 쏟아지는 불편한 질문들 때문이지요. "나이가 몇인데 아직도 짝을 못 찾고 있냐" "결혼한 지가 언제인데 아직 아이가 없냐" 등등.

결혼과 출산에 대해 말하다 보니 떠오르는 단어가 있습니다.

다름 아닌 '미혼모'입니다. 미혼모는 법적으로 혼인하지 않은 상태에서 만 18세 이하의 자녀가 있는 여성을 뜻하는 말입니다. 단순히 '결혼 안 한 엄마'의 한자어로 보이는 이 말에도 알고 보면 편견과 차별의 시선이 숨어 있습니다.

미혼의 미(未)는 '~를 아직 못 했다'는 뜻입니다. 안 한 것과 못한 것의 차이는 매우 큽니다. 전자가 본인의 자율적 선택에 의한 결정이라면, 후자는 이런저런 상황 때문에 하지 못하고 있는 상태를 의미하기 때문입니다. '미혼'이라는 말 속에는 당연히 해야할 결혼을 아직 못 했다는 의미가 담겨 있습니다. 일종의 비정상적 상태입니다.

미혼모는 더합니다. 미혼도 비정상인데 심지어 아이까지 낳았으니 오죽하겠습니까! 결혼이라는 절차도 거치지 않고 임신해서 아이를 낳았다는 건 옛날 같으면 '호적에서 파낼' 일이었지요. 우리 사회에서 미혼모가 감당해야 할 비난과 고통은 상상을 초월합니다. 간혹 어떤 여성이 혼자 아이를 낳아서 내다 버렸다는 보도가 나오는데, 아마도 그런 막막함과 두려움 때문일 것입니다. 양육에 따르는 현실적 어려움도 물론 있겠지만요.

결혼하지 않고 아이를 낳는 것이 그렇게 심하게 비난받을 일일까요? 여성의 선택권이라는 측면에서 이 문제를 살펴볼 필요가 있습니다.

'미혼'은 결혼에 대한 자기 결정권을 무시하는 말입니다. 앞에서 보았듯 결혼은 더 이상 필수가 아닌 선택이 되었습니다. 결혼은 했지만 아이는 원치 않는 사람도 많고, 결혼은 하기 싫은데 아이는 갖고 싶어 하는 사람도 얼마든지 있을 수 있습니다. 예전처럼 결혼과 출산이 무조건 연결되는 세상이 아닙니다.

아울러, '미혼모'라는 말에는 남성 중심 사회의 불평등한 권력 관계가 담겨 있습니다. 한 여성이 결혼 전에 임신해서 아이를 낳았다고 가정해 봅시다. 그 책임은 누구에게 있을까요? 당연히 여성과 남성 모두의 책임입니다. 그런데도 남성은 슬그머니 뒤로 빠집니다. '미혼부'라는 말은 거의 쓰이지 않습니다. 모든 책임과 비난은 오로지 여성에게만 쏟아지지요. 미혼모라는 손가락질과 함께 말입니다.

임신과 출산은 남녀의 사랑의 결실입니다. 거기에 굳이 결혼을 전제할 필요는 없고, 그 책임을 여성에게만 물어서도 안 됩니다.

언어 또한 달라져야 합니다. 미혼이 아니라 '비혼(非婚)'이고, 미혼모가 아니라 '비혼모/비혼부'가 되어야 합니다. 비혼은 미혼과 달리 당사자의 자기 결정권과 주체적 판단을 존중하는 표현입니다. 해야 하는데 아직 못 한 것(未)이 아니라 안 한 것(非)이기 때문입니다. 즉, 정상이냐 비정상이냐에 대한 가치판단 없이 현재의 상태만을 나타내는 말이기 때문입니다.

'미(未)' 자가 들어가는 단어들 중 사라져야 할 것이 하나 더 있습니다. 바로 '미망인(未亡人)'입니다. 요즘엔 거의 쓰지 않지만 어른들 사이에서는 아직도 익숙한 말이지요. 아마도 가장 성차별적인 단어들 중 하나라고 생각합니다.

'아닐 미(未)'에 '죽을 망(亡)' 그리고 '사람 인(人)'. 남편과 함께 죽었어야 하는데 아직 죽지 못한 아내라는 뜻입니다. 남편을 여의고 홀로된 여성이 스스로를 겸손하게 일컫는 말이라고 합니다. 이 얼마나 끔찍한 말입니까? 남편이 죽으면 아내도 같이 죽어야 마땅하다는 건가요? 순장의 관습이 되살아나는 것 같아 소름이 돋습니다.

가부장제의 잔재에 불과한 이 말이 아직까지도 남아 있다는 건 문제가 아닐 수 없습니다. 국어사전에는 '남편이 죽고 홀로 남은 여자'라는 의미로 많이 완화되어 있지만, 그렇더라도 한자어의 본래 의미는 살아 있게 마련입니다.

말은 사회구성원들 간의 약속이며 그 사회의 지배적 가치가 반영되어 있습니다. 조선시대에 사용된 말은 가부장적 유교사회의 가치관을 반영하고 유지하는 도구였지요. 시간이 흐르면서 생각과 가치관이 바뀌면 제도나 문화도 바뀌고, 언어 또한 그에 맞게 변화합니다. 그 과정에서 예전부터 내려오던 말과 새로 등장한 생각이 서로 충돌하게 됩니다. 때로는 그로 인해 세상이 시끄러워지기도 하지요. 변화를 위한 불가피한 갈등입니다. 이를 통해 기존과 다른 새로운 언어, 새로운 약속이 생겨나게 됩니다.

이제 미혼모와 미망인이라는 시대착오적 표현을 우리의 말글 속에서 영원히 삭제해야 합니다.

2019년에 인기를 끌었던 드라마 〈동백꽃 필 무렵〉의 첫 장면이 생각납니다. 비혼모인 주인공 동백이가 낯선 동네에 이사를 옵니다. 아이를 데리고 살면서 가게를 차리는 동백이에게 누군가 남편에 대해 묻습니다. 동백이는 이렇게 대답하지요. "저 미혼이에요. 남편은 없는데 아들은 있을 수 있잖아요. 뭐 그럴 수도 있잖아요."

2021년에는 〈슈퍼맨이 돌아왔다〉에 출연한 사유리 씨를 둘러싸고 논쟁이 벌어졌습니다. 일부 시민들이 청와대 국민청원에 그의 프로그램 하차를 요구하기도 했지요. 남편도 없이 정자를 기증받아서 출산한 사람이 방송에 나오면 비혼 출산이 확산될까 걱정된다는 이유였습니다. 결혼과 출산에 대한 편견의 완결편이라고나 할까요?

예전 같으면 여성의 선택권을 깡그리 부정하는 그런 주장이 힘을 발휘했겠지만 이번엔 좀 달랐습니다. 많은 사람들의 지지와 응원에 힘입어 사유리 씨는 지금도 여전히 TV에 출연하며 왕성하게 활동 중입니다. 이제 우리 사회가 그 정도는 받아들이고 이해할 만큼 바뀐 것 같네요. 다행입니다.

"막장 드라마"

<u>   </u> 타인의 삶을 존중하지 않는 난폭함

　매일 발표되는 TV 시청률 순위를 본 적이 있나요? 지상파와 종합편성, 케이블로 나뉘어 발표되는 순위에 방송사들은 매우 민감하게 반응합니다. 프로그램을 만든 제작자나 연출자에게 시청률은 가혹한 평가 기준이 되기 때문입니다. 그러니 시청률에 따라 희비가 엇갈리는 현실이 충분히 이해가 됩니다.

　그러나 시청률은 방송 프로그램을 평가하는 여러 기준들 중 하나일 뿐입니다. 시청률이 높다고 좋은 프로그램이 되는 것은 아니니까요. 좋은 프로그램의 기준은 분야에 따라 달라지겠지요. 뉴스 같은 보도 영역에서는 신뢰나 공정성이 중요한 기준이 될 수 있지만, 오락 프로그램에서도 똑같은 기준을 적용할 수는 없습니다.

 그런데도 방송사들이 분야를 막론하고 시청률에 목을 매는 이유는 시청률이 광고 수입과 직결되기 때문입니다. 광고는 방송사의 수입에서 가장 큰 비중을 차지합니다. 광고주들은 당연히 시청률이 높은 프로그램에 광고를 내보내고 싶겠지요. 인기 있는 프로그램에 광고가 몰리면 광고 단가가 높아지고, 방송사의 수입은 그만큼 많아지게 됩니다.

 사정이 이렇다 보니 좋은 프로그램을 만들기보다는 시청률이 높은 프로그램을 만드는 데 더욱 열중하는 경우가 많습니다. 당연히 부작용이 생기지요. 대표적인 게 바로 '막장 드라마'입니다. 사전에서는 막장 드라마를 이렇게 설명하고 있습니다. '보통의 삶에서는 일어나기 힘든 자극적인 상황이나 일들이 동시다발적으로 이어지는 드라마' 또는 '얽히고설킨 인물관계, 무리한 상황 설정, 자극적인 장면 등으로 전개되는 드라마'.

 막장 드라마를 가리켜 "욕하면서 보는 드라마"라고 흔히들 말합니다. 욕을 한다는 건 뭔가 마음에 들지 않는다는 얘긴데, TV를 끄거나 채널을 돌리지 않고 계속 보는 이유는 뭘까요? 바로 그게 막장 드라마의 특성인 동시에 매력인데요. 좀 더 자극적인 내용을 원하는 시청자의 욕망과 맞아떨어지기 때문입니다.

 이름에 '막장'이 들어간 이유는 뭘까요? 막장은 탄광 갱도의 막다른 곳을 뜻합니다. 그러니까, 드라마의 내용이 이리저리 꼬이고 뒤틀리다 못해서 갈 데까지 갔다는 의미로 쓰인 것 같습니다. 처음엔 비판을 위해 사용된 말이었는데 지금은 일종의 방송 용어가 된 듯한 느낌입니다.

그렇다면 그 수식어는 과연 적절한 것일까요? 저는 매우 부적절하다고 생각합니다.

우선 막장을 부정적 의미로 사용하고 있다는 점을 지적하고 싶습니다. 막장은 광부들의 진한 눈물과 끈끈한 동료애가 서려 있는 곳입니다. 가족의 생계를 위해 목숨 걸고 일하는 위태로운 공간이기도 하지요.

탄광 노동자들의 삶은 매우 고단하고 위험합니다. 예전에 간혹 탄광 사고로 막장에 갇힌 광부들의 소식을 접할 때면 마음이 너무나 아팠습니다. 무사히 구조되기를 전 국민이 기도하면서 가슴 졸였던 것이 한두 번이 아니지요. 막장은 그렇게 치열하고 가슴 먹먹한 노동의 현장입니다.

그런데 막장 드라마의 내용은 대개 패륜이나 불륜, 출생의 비밀, 청부살인처럼 비현실적이거나 바람직하지 않은 경우가 많습니다. 오로지 시청자의 눈과 귀를 사로잡기 위해 이런 자극적인 소재를 활용하지요. 개연성 없이 황당무계하게 전개되는 드라마에 광부들의 삶의 공간을 갖다 붙이는 건 그들의 고된 노동을 무참하게 짓밟는 행위이며, 탄광 노동자에 대한 편견을 심어 줄 수 있습니다.

한번쯤은 탄광에서 일하는 사람들의 시선에서 생각해 보면 좋겠습니다. 가족의 삶이 달려 있는 직장을 자극적인 드라마의 수식어로 사용하는 게 그들 입장에서 유쾌할 리 없지요. 탄광뿐 아니라 농장, 학교, 연구소, 병원, 공장 등 다른 직업의 공간들 역시 마찬가지입니다. 누군가의 노동과 삶의 공간을 모욕할 권리를 가진 사람은 아무도 없습니다.

특정 단어를 사용할 때는 그 단어와 직결된 사람들의 존재를 놓치지 말아야 합니다. 내가 함부로 내뱉는 그 단어에 누군가의 애환이 담겨 있을 수도 있으니까요. 비현실적 드라마에 갖다 붙이기에는 너무나 현실적인 곳이 바로 막장입니다. 막장이라는 말을 대체할 다른 표현이 필요한 이유입니다.

2020년은 전 세계가 코로나19로 인해 엄청난 고통을 겪은 해입니다. 처음 시작된 곳이 중국 우한인 까닭에 처음엔 '우한 코로나'라 불렸지만, 세계보건기구(WHO)는 특정 지역 이름으로 부르지 말 것을 권고합니다. 그곳 사람들을 혐오하고 차별할 가능성이 있기 때문이지요. 우리나라에서 가장 많은 확진자가 나왔던 곳이 대구라고 해서 '대구 코로나'라고 부르면 안 되는 것과 마찬가지입니다.

지역과 공간에 대한 언어는 세심해야 합니다. 이유는 단 하나, 그곳에 사람이 살고 있기 때문입니다.

"막장까지 간다"는 말이 있습니다. 인생의 밑바닥까지 간다는 뜻이지요. 막장에서의 삶이 얼마나 고되면 그런 표현이 나왔을까 싶지만, 이것 역시 적절한 표현은 아닙니다. 막장은 더 이상 희망이 없는 곳이라는 시선이 깔려 있기 때문입니다. 그러나 사람 사는 곳엔 어디든 희망과 사랑이 있기 마련입니다.

언젠가 〈무한도전〉에서 '극한직업 체험' 편을 방송한 적이 있는데요. 당시 탄광에 들어가서 광부들과 함께 일했던 유재석 씨가 작업을 마친 뒤에 먹먹한 눈빛으로 이런 말을 했습니다.

"앞으로 막장이라는 말을 함부로 쓰면 안 될 것 같아요."

그가 왜 그렇게 말했는지는 굳이 설명할 필요가 없겠지요. 그곳이 얼마나 고단하면서도 절실한 삶의 현장인지 직접 체험해 본 사람만이 보여 줄 수 있는 눈빛이었습니다. 그날 이후, 막장이라는 말을 들을 때마다 탄가루와 땀으로 범벅이 된 유재석 씨의 한마디가 머리에 떠오르곤 합니다.

수준 낮고 자극적인 드라마를 제작할 수는 있습니다. 그러나 거기에 혐오와 차별의 수식어를 붙이는 일은 삼가야 합니다. 비유적인 표현을 하기 전에 그 비유의 대상이 어떤 상처를 받게 될지 먼저 생각하는 게 그렇게 어려운 일일까요? 모두가 사람답게 사는 세상은 그런 작은 마음에서부터 시작합니다.

"저출산"과 "폐경"

여성은 도구도 기계도 아니다

신문과 방송에 '유모차 부대'라는 말이 가끔 등장합니다. 유모차에 아이를 태우고 집회나 시위에 나온 시민들을 부르는 말입니다. 선거 날 유모차를 끌고 투표하러 나온 유권자들을 가리킬 때 쓰이기도 합니다.

유모차는 젖먹이나 어린아이를 태우고 다니는 도구입니다. 예쁜 아기와 따뜻한 눈빛의 엄마가 떠올라 평화롭게 느껴지기도 하는 단어인데, 깊이 들여다보면 문제가 있습니다. 육아는 여성만의 몫이 아닌데도 '어미 모(母)' 자를 사용함으로써 마치 육아의 책임이 여성에게만 있는 것처럼 표현하고 있기 때문입니다. 아무리 익숙하고 친근한 말이라도 성 역할에 대한 편견과 고정관념을 강화한다면 과감하게 벗어 던져야겠지요.

어린아이가 타는 차라는 의미에서 '유모차'보다는 '유아차'로 불려야 한다는 주장도 있습니다. 아이가 중심이 되고 보호자를 여성과 남성으로 구분하지도 않기 때문에 더 적합한 표현이라는 설명입니다. 상당히 타당성이 있어 보입니다.

여성에 대한 편견은 다른 말에서도 쉽게 찾아볼 수 있습니다. 그중 '출산'과 '폐경'에 대해 살펴볼까 합니다.

최근 아이를 낳지 않으려는 젊은 층이 늘어나면서 저출산이 심각한 사회문제로 떠오르고 있습니다. 정부에서도 저출산 대책을 마련하느라 분주하지요. 그럼에도 우리나라 출산율은 세계에서 가장 낮은 수준입니다.

> 행정안전부에 의하면 2020년 12월 31일 기준 우리나라 주민등록 인구는 5182만 9023명으로 2019년 5184만 9861명 대비 2만838명이 줄어들어 인구가 감소하는 데드크로스에 진입했다. 인구 데드크로스는 출생아 수의 꾸준한 감소에 따른 결과로, 지난해 연간 출생아 수는 전년 대비 10% 감소해 처음으로 30만 명 이하로 내려갔다. 2002년부터 2016년까지 15년간 40만 명대를 유지하던 출생아 수는 2017년 30만 명대로 떨어진 후 불과 3년 만에 20만 명대로 진입했다.

여성 1명이 평생 낳을 것으로 예상되는 평균 출생아 수인 합계출산율은 0.84로 전년(0.92)보다 0.08명 감소했다. 2018년(0.98명), 2019년(0.92명)에 이어 3년 연속으로 1명 미만을 기록한 것인데 이는 여성이 가임기간 동안 아이를 채 1명도 낳지 않는다는 의미로, 경제협력개발기구(OECD) 37개 회원국 중 합계출산율이 1명 미만인 곳은 대한민국이 유일하다. (데일리메디 2021. 04. 05)

저출산은 경제활동 인구를 감소시키고 공동체의 활력을 떨어뜨리는 등 우리의 미래를 암울하게 만들지요. 그러다 보니 '소득 주도 성장'에 빗댄 '출산 주도 성장'이란 말까지 등장하고 있는 형편입니다.

문제는 이런 말 속에 여성을 임신과 출산의 도구로 바라보는 그릇된 인식이 깔려 있다는 점입니다. 2016년에 행정자치부가 만든 대한민국 출산지도 역시 마찬가지입니다. 한동안 논란이 되었던 그 출산지도에는 전국 243개 시·군·구에 거주하는 15~49세까지의 여성 인구가 '가임기 인구지도'라는 이름으로 표시되어 있습니다.

임신과 출산은 개인의 희망과 계획에 따라 이루어지는 것입니다. 이를 무시하고 만든 '가임기 인구지도'는 모든 여성을 아이 낳는 기계처럼 취급하는 매우 위험한 발상입니다.

여성에 대한 왜곡된 시선은 '저출산'이란 말 속에 이미 담겨 있습니다. 저출산(低出産)은 말 그대로 아이를 적게 낳는다는 뜻입니다. 그런데 아이를 낳는 건 여성이므로, 저출산이라는 말은 결국 여성이 아이를 적게 낳는다는 의미가 되어 버립니다. 남녀가 함께하는 결혼과 임신과 출산 과정을 전체적으로 살피지 않고 저출산이라는 결과만을 강조함으로써, 마치 인구 문제의 책임이 여성에게 있는 것처럼 오인하게 만들 우려가 있습니다.

그런 관점에서 저출산 대신 '저출생(低出生)'이라는 표현을 써야 한다는 주장이 힘을 얻고 있습니다. 적게 태어난다는 뜻이지요. 그러면 여성에게 책임을 전가할 우려도 없고, 게다가 '유아차'처럼 아이가 주체가 되는 단어여서 더 적절할 것 같습니다. 출산은 부모의 관점, 출생은 아이의 관점이라 할 수 있겠네요. 단어의 주체가 누구이며 누구의 시선이 담겨 있는지 따져 보는 일은 인권의 측면에서도 매우 중요합니다.

'폐경(閉經)'이라는 단어도 생각해 볼 여지가 있습니다. 남성과 달리 여성은 일정한 나이가 되면 주기적으로 생리를 하게 됩니다. 이는 매우 중요한 신체의 변화입니다. 요즘엔 사춘기 소녀에게 초경이 찾아오면 축하해 주는 게 일반적이지만 과거에는 그렇지 않았습니다.

지금은 생리 공결이 있어서 생리 때문에 힘들어하는 여학생이 학교에 나오지 않아도 결석으로 처리하지 않습니다. 예전에는 '병결'로 처리했지요. 생리를 병으로 여긴 것입니다. 생리라는 말조차 꺼내기가 어려워서 생리일을 '위생일'로, 생리대를 '위생대'로 에둘러 부르기도 했습니다. 여성의 생리는 오랫동안 불결한 것으로 치부되었고, 지금도 일부 마초들은 '생리충'이라는 혐오의 말을 내뱉기까지 합니다. 정말 끔찍하고 폭력적인 언어입니다.

이런 혐오는 여성에 대한 잘못된 인식에서 출발합니다. 차이를 알아야 차별하지 않는데 그 차이를 알지 못하는 것이지요. 폐경이라는 말을 통해 그 이유를 밝혀 보겠습니다.

나이가 들면 몸과 마음에 많은 변화가 생깁니다. 마치 청소년들의 사춘기처럼, 중년기에 들어선 어른에게는 갱년기라는 것이 찾아오지요. 남자도 힘들지만 특히 여성에게 갱년기의 신체 변화는 몸과 마음을 매우 힘들게 합니다. 자녀가 사춘기고 엄마가 갱년기면 엄마가 이긴다는 우스개가 있을 정도입니다.

여성의 갱년기는 대개 폐경기와 함께 옵니다. 폐경은 생리가 끝났음을 뜻하는 용어인데, 여기에서 '폐(閉)'는 닫힌다는 뜻입니다. 월경이 닫혔다는 뜻의 '폐경'은 여성으로서의 역할이 끝났다는 부정적인 의미를 담고 있습니다. 임신을 가능케 하는 생리가 여성의 상징이자 본질이라고 여겼던 것이지요. 그러나 임신과 출산이 아무리 중요하더라도 그것이 여성 삶의 전부는 아닙니다. 생리가 끝났다고 해서 여성으로서의 삶까지 끝난다는 것은 실로 터무니없는 생각입니다.

　말 자체의 의미가 그렇고 주위의 시선이 그렇다 보니 폐경기에 이른 여성은 몸과 마음이 더더욱 힘들 수밖에 없습니다. 그 상실감을 남성들은 죽었다 깨어나도 이해할 수 없다고 합니다. 그래서 오래전부터 폐경 대신 '완경(完經)'이란 말을 써야 한다는 주장이 있었지만 아직까지 널리 쓰이지 못하고 있습니다. 완(完)은 완성을 의미합니다. 여성으로서 완성되었다는 긍정의 말이지요.

　생리가 멈추는 것은 나이에 따른 몸의 자연스러운 변화입니다. 더 이상 아이를 못 낳게 되었다기보다는 임신과 출산으로부터 해방되었다고 표현하는 게 더 적절합니다. 폐경이란 말이 인생의 끝물이라는 느낌을 주는 것과 달리 완경은 인생의 완성과 또 다른 시작을 의미하지요. 완경기 여성의 행복을 위해, 나아가 여성 스스로 자기의 삶을 축복하기 위해 이런 긍정의 언어를 사용할 필요가 있습니다.

　매년 10월 18일은 '세계 폐경의 날'입니다. 국제보건기구(WHO)와 국제폐경학회가 폐경 후 여성의 건강한 삶을 돕기 위해 만든 날이지요. 거기에는 폐경에 대해 올바르게 인식하도록 도와주는 일도 포함되어 있습니다. 아직까지 전 세계의 많은 여성들이 폐경의 의미에 대해 잘 모르고 있다는 뜻이기도 합니다.

　그날의 의미를 최대한 살리기 위해 우선 '폐경'이라는 말부터 걷어찼으면 좋겠습니다. 공식 명칭을 '세계 완경의 날'로 바꾸는 게 뭐가 어렵겠습니까. 생리에 대한 남성들의 잘못된 생각을 교정하는 데 도움이 된다면 백 번이라도 바꿔야지요. 무지가 몰이해와 혐오를 낳는 법입니다.

"무상급식"
_____ '공짜' 이미지에 가려진 학생의 권리

…○○고교는 지난 4월 교감이 직접 급식비 미납자들을 불러 "돈을 내지 않았으면 밥을 먹지 마라"는 취지의 막말을 퍼부은 사실이 알려져 한 차례 논란을 빚었다. 당시 교육청은 학생들의 인권을 침해했다며 관련자 징계를 요구하기도 했다. (아시아경제 2015. 10. 05)

고등학교 영양사들이 급식비가 밀린 학생들에게 부적절하게 대처해 논란입니다. 현지 시간으로 지난 14일, 미국 CNN 등 외신들은 미네소타 주의 한 급식실에서 벌어진 일에 대해 보도했습니다. 리치필드 고등학교 학생 40여 명은 다른 친구들이 먹는 따뜻한 점심을 먹을 수 없었습니다. 학교 영양사들이 급식비 15달러, 우리 돈으로 약 1만 8000원 이상 밀려 있는 학생들에게는 차가운 샌드위치와 급식비 독촉장을 줬기 때문입니다.

심지어 이 과정에서 한 영양사는 급식비가 밀린 학생들이 배식받은 음식을 빼앗아 쓰레기통에 버리기까지 했습니다. 이날 급식실에 있던 모든 학생들은 친구들이 모진 일을 겪는 모습을 그대로 지켜봤습니다. (SBS 뉴스 2019. 11. 15)

누구에게나 그렇듯이 밥 먹는 시간은 즐거운 시간입니다. 친구들과 같이 점심 먹을 때만큼 즐겁고 행복한 시간은 찾기 어렵지요. 예전에는 교실에 삼삼오오 둘러앉아 도시락으로 점심을 해결했습니다. 그러다 학교에서 급식을 제공하게 되었고, 도시락 준비에서 해방된 부모님들은 매우 기뻐했습니다.

그러나 학교 급식이 누구에게나 행복한 일은 아니었습니다. 돈을 내야 했기 때문이지요. 급식비를 낼 형편이 못 되는 아이들에게 점심시간이 즐거웠을 리 없습니다. 친구들의 눈치를 보면서 굶기도 했고 물로 배를 채우기도 했지요. 위 기사처럼 밀린 급식비 때문에 식당에 들어가다 제지를 당하거나 친구들 앞에서 공개적으로 망신을 당하는 일도 있었습니다. 지금처럼 초등학교와 중학교에서 무상급식을 제공하고 차츰 고등학교까지 확대되고 있는 상황에서는 상상조차 할 수 없는 가슴 아픈 풍경이었지요.

　무상급식은 학교에서 제공하는 급식의 비용을 학생 가정에 부담시키지 않고 세금으로 충당하는 시스템을 말합니다. '무상'이라는 말 때문에 공짜라고 생각하기 쉽지요. 실제로 돈도 내지 않고요. 그러나 모든 비용을 국민 세금으로 충당하기 때문에 엄밀하게 말하면 공짜는 아닙니다.

　10여 년 전, 무상급식을 둘러싼 사회적 논란이 있었습니다. '보편적 복지'와 '선별적 복지'에 관한 것이었지요. 부자집 아이건 가난한 집 아이건 똑같은 혜택을 주는 것이 보편적 복지라면, 형편이 어려운 아이들에게만 혜택을 주는 것은 선별적 복지입니다. 보편적 복지는 비용이 많이 들기 때문에 국가에서 세금을 더 많이 걷어야 합니다. 세금은 당연히 부자가 많이 내지요. 그래서 대부분의 부자들은 보편적 복지를 좋아하지 않습니다.

　어느 쪽이 더 타당한가를 떠나서, 무상급식 정책이 복지정책의 방향에 대한 사회적 논쟁을 불러일으켰다는 것은 그 자체로 의미가 있습니다. 복지는 국가의 중요한 존재 이유이며, 하나의 복지정책이 뿌리를 내리려면 시민들의 활발한 토론을 통한 공감과 합의가 반드시 필요하기 때문입니다. 문제는 '무상'이라는 말이 왠지 공짜처럼 느껴지고, 심지어 어떤 사람들에게는 나라 살림을 축내는 원인으로까지 여겨진다는 점이지요. 공짜가 아니라 세금을 기반으로 하는 일종의 공공정책인데 말입니다.

이제 무상이라는 말을 대체할 적합한 용어를 찾는 게 중요합니다. 무상급식보다는 '공공급식'이나 '책임급식' '의무급식' 같은 용어를 쓰면 어떨까요? 왜곡이나 오해의 소지를 없애고 의미를 좀 더 분명하게 전달할 수 있으니까요. 최근 '무상교복'을 놓고 진행된 포퓰리즘 논쟁도 같은 맥락에서 바라볼 수 있습니다.

포퓰리즘(populism)은 국민의 시선에서 그들의 의사를 반영하고 정책으로 만들어 내는 정치노선을 말합니다. 어원이 되는 라틴어 'populus'는 인민이나 대중을 의미합니다. 대중은 사회의 다수이기 때문에, 소수 전문가들에 의해 국정이 운영되는 엘리트주의와는 반대편에 서 있지요. 즉, 포퓰리즘은 다수가 지배하는 정치형태인 민주주의와 같은 맥락에서 이해할 수 있습니다.

그런데 최근 포퓰리즘은 이런 긍정적 의미보다는 대중의 인기에 영합하는 부정적인 행태로 많이 묘사되고 있습니다. 왜 이런 일이 벌어진 것일까요? 선심성 복지정책을 남발하여 국민들에게는 인기가 있었지만 국가경제가 흔들려 버린 사례가 많기 때문입니다. 아르헨티나의 페론 정권이 대표적인 케이스였지요. 그러다 보니 인기에만 치중하는 대중영합주의라는 비판을 받는 것 같습니다.

'무상'이라는 말은 "무상급식이나 무상교복은 포퓰리즘"이라는 주장에 힘을 실어 줍니다. 앞에서 말했던 공짜 이미지 때문이지요. 무상복지에 대한 찬반양론을 여기에서 자세히 살펴보기는 어렵지만, 한 가지는 분명하게 말할 수 있습니다. 어떤 정책을 펴 나갈 때는 내용도 중요하지만 그 정책을 표현하는 이름 또한 꿍장히 중요하다는 사실입니다.

무상이라는 말 대신에 '공공'이나 '책임' 같은 단어를 사용하면 느낌이 완전히 달라집니다. 앞에서 책임급식, 공공급식, 의무급식 같은 단어들을 제시한 것도 그런 이유 때문입니다. '무상급식'이 공짜 또는 선심성 정책이라는 느낌을 주는 것과 달리, '책임급식'이나 '공공급식'은 학생들에게 점심을 제공하는 것이 국가의 공적 책무라는 점을 잘 드러내고 있습니다.

혹시 세상에 없는 것 세 가지가 뭔지 아시나요? 정답, 비밀 그리고 공짜라고 합니다. 무상급식이나 무상교복이 공짜가 아닌데도 이름 때문에 공짜처럼 느껴진다면 불필요한 논쟁을 불러일으킬 수 있습니다. 이 정책이 처음 도입될 때는 무상이라는 말 때문에 파급력이 컸던 걸로 기억합니다. 도입하고자 하는 측에서 국민의 관심을 성공적으로 끌어낼 수 있었지요. 하지만 그 뒤로 무상이라는 용어가 오히려 반대의 근거로 활용된 것을 보면, 말의 힘이 정말 크다는 것을 새삼 느끼게 됩니다.

국가는 사회적 약자를 보호하기 위한 조직입니다. 국가가 없다면 강자가 모든 걸 좌지우지하는 정글 같은 사회가 되기 쉽지요. '사회계약설'에 의하면 사람들은 계약을 통해 국가를 만들었습니다. 자연 상태의 문제점, 즉 약자의 서러움을 효과적으로 해결하기 위해서입니다. 그렇게 탄생한 국가는 강제력을 갖고 강자의 횡포에 제동을 걸기도 하지요. 그 힘을 가리켜 '공권력'이라고 합니다.

국가는 강자를 견제하면서 한편으로 약자들을 보호하기 위해 여러 정책을 펼칩니다. 그들이 제대로 된 공간에서 배고픔과 추위를 피하고 사람답게 살 수 있도록 하는 것이 바로 복지정책입니다. 노동이나 주거, 의료, 교통, 교육, 환경 등 공공성을 갖는 모든 분야들이 복지의 영역입니다. 이런 공공서비스는 국민의 권리를 충족시키기 위한 것이기 때문에 세금으로 충당하고 있지요. 그 세금은 국민의 주머니에서 나오는 것이고요.

그러므로 학생들을 위한 무상급식과 무상교복은 국가의 책무를 수행하는 행정인 동시에 국가의 미래를 위한 투자입니다. 선심 쓰듯 공짜로 먹이고 입히는 게 아닙니다.

의식주는 우리 삶에 없어서는 안 될 필수요소입니다. 옷은 환경에 적응하는 수단이며 자신을 드러내는 표현 방식이기도 합니다. 밥은 생명 유지의 수단인 동시에 대화와 공감의 매개입니다. 그래서 함께 밥 먹는 사람을 '식구'라고 불렀지요. 교복과 급식은 학생들의 삶과 직결되고 배움과도 연결이 됩니다. 그 공간은 다름 아닌 학교입니다.

학교는 공부만 하는 곳이 아니라 친구들과 만나고 같이 밥 먹고 즐겁게 노는 삶의 공간이기도 합니다. 사회에서 급식은 복지지만 학교에서 급식은 교육입니다. 교육 공공성의 시각으로 학생들의 밥과 옷을 바라보면 좋겠습니다. 그걸 표현하는 말도 필요하다면 바꿔야 합니다. 교육은 국민의 의무인 동시에 권리입니다. 더이상 무상이라는 말이 권리라는 본질을 가려서는 안 됩니다.

"사회배려자 전형"

_____ 특별히 배려해 줄 테니 고마워하라?

요즘엔 대학마다 전형이 다르고 부르는 이름도 다양합니다. 대학 가기도 힘들지만 대학의 입시자료를 이해하는 일도 쉽지 않습니다. 대학 입학전형은 대학에서 나름의 기준에 따라 학생을 뽑는 과정을 말하는데요. 수시와 정시, 학생부와 수능, 교과와 종합, 특기자 등 매우 다양한 전형이 있습니다.

대학의 전형 안내문에는 다양한 용어들이 등장합니다. 모 대학의 안내문을 보니 '기회균등 전형'이라는 항목 아래 여러 영역들이 있네요. 사회 공헌, 농어촌 거주, 특수교육 대상자… 그중에서도 '사회배려자'라는 항목이 유독 눈에 띕니다.

사회배려자 전형은 대개 저소득층이나 차상위 계층의 학생,

다문화 가정이나 한부모 가정의 학생을 대상으로 합니다. 이 영역이 '기회균등 전형'에 속해 있는 걸로 봐서, 아마도 사회적 약자에게 골고루 기회를 제공한다는 의미인 것 같습니다. 어떤 대학에선 '사회통합 전형'이라는 말을 쓰기도 합니다. 강자와 약자가 함께 살아가는 사회를 뜻하는 것이겠지요.

단 한 치의 양보도 용납되지 않는 치열한 입시 경쟁에서 '기회균등'이나 '배려' 같은 말들이 등장하니 좀 생뚱맞다는 생각이 들기도 합니다. 겨우 1~2점 차이로 합격과 불합격이 갈리는 상황에서 특정인에게 유리한 조건을 부여하는 건 역차별이라는 비판도 있지만, 사회적 약자에게 입학의 기회를 더 열어 주는 것은 바람직하다고 생각합니다.

'역차별'이란 사회적 약자를 위한 제도가 거꾸로 다른 사람들을 차별하는 결과로 이어진다는 뜻입니다. 여성 우대 정책 때문에 남성이 오히려 차별받는다거나, 일정 비율의 흑인을 뽑아야 한다는 입시제도 때문에 백인이 피해를 본다는 주장 등이 여기에 해당하지요. 차별과 역차별은 사회적으로 매우 민감한 문제여서, 뭔가 이슈가 생길 때마다 치열한 논쟁이 벌어지곤 합니다.

사회적 약자들은 늘 기회에 목말라합니다. 일단 기회가 주어져야 경쟁이라도 해 볼 텐데, 남들과 같은 출발선에 서는 것 자체가 쉽지 않지요. 기회균등 전형이나 사회배려자 전형은 그런 현실을 고려한 것입니다. 사회통합이라는 거창한 목표까지는 아니더라도, 약자에게 기회를 제공한다는 점에서 매우 의미 있는 제도라고 할 수 있습니다.

그런데 왜 '배려'일까요? 배려는 도와주거나 보살펴 주기 위해 마음을 쓴다는 뜻입니다. 강자가 약자를 가엾게 여기고 동정을 베푸는 것 같은 느낌이어서, '사회배려자'가 과연 적절한 표현인지 의문이 들기도 합니다.

물론 틀린 표현은 아닙니다. 대학입시는 개인의 능력을 평가해서 학생을 선발하는 제도이고 공정함이 첫 번째 원칙이기 때문에, 누군가에게 혜택을 주는 것이 일종의 배려인 건 분명합니다.

문제는 그 표현에 '권리'가 빠져 있다는 점입니다. 사회적 약자도 남들처럼 교육받을 권리가 있으며, 국가는 그 권리를 보장해 줄 책임이 있습니다. 부모의 사회경제적 능력에 따라 교육 불평등이 발생한다면, 그로 인한 교육 격차는 개인 차원의 문제가 아닌 사회적 문제이기 때문입니다. 그렇다면 문제의 해결 또한 사회적 차원에서 모색되어야 합니다.

배려와 권리는 다릅니다. 배려는 하면 좋지만 그 자체가 의무는 아닙니다. 그러나 권리는 반드시 보장되어야만 합니다. 기회 균등 전형은 교육 불평등을 해소하고 배움의 권리를 보장하기 위한 제도이므로, 강자의 배려라기보다는 약자의 권리 실현에 가깝습니다.

교육 불평등은 요즘 자주 지적되는 '부의 대물림'과도 밀접한 관련이 있습니다. 부모의 사회경제적 지위가 자식 세대까지 그대로 이어지는 일종의 세습 현상인데요. 아래 기사가 그 심각성을 잘 보여 주고 있습니다.

> 서울연구원은 지난해 7월 서울에 거주하는 만 20~39세 청년 1000명을 대상으로 실시한 '서울 청년 불평등 인식조사' 결과를 공개했습니다. 이번 조사에서 '우리 사회는 노력에 따른 공정한 대가가 제공되고 있다'는 설문에 동의한 응답자는 14.3%에 그쳤습니다. '사회적 성취에 내 노력보다 부모의 사회경제적 지위가 더 중요하다'는 응답은 55%였고, 본인의 노력이 더 중요하다는 응답은 23.2%로 그 절반에 못 미쳤습니다. 이는 부모의 사회경제적 지위가 대물림되는 현상이 심각하다는 인식과도 연결됩니다.
> 한국사회에서 부모의 사회경제적 지위가 자녀에게 대물림되는 현상이 얼마나 심각한지에 대한 질문에 응답자의 86.3%가 심각하다고 응답했습니다. 남성(80.9%)보다 여성(91.5%)이, 20대(84.2%)보다 30대(88.3%)가 심각성을 높게 인식했습니다. 본인의 취업이나 승진에도 부모의 사회경제적 지위가 영향을 끼친다는 인식도 81.2%에 이르렀습니다.
> (KBS 뉴스 2021. 04. 07)

이런 상황을 조금이나마 개선하려면 대학 진학이 어려운 계층의 학생들에게 최소한의 교육 기회를 제공해야 합니다. 당사자들 또한 스스로의 권리를 실현하기 위한 정책이나 제도를 당당하게 요구할 수 있어야 합니다. 그런데도 한쪽에선 사회배려자 전형을 못마땅해하고, 당사자들도 그것이 당당한 권리라고 선뜻 말하지 못합니다. 이런 안타까운 현실에는 '배려'라는 용어도 한몫하고 있는 게 아닐까요?

더 큰 문제는 일각에서 약자들을 혐오하고 차별하는 말을 거리낌 없이 내뱉고 있다는 사실입니다. 대학가에서 '사배충(사회배려자 + 기생충)'이나 '지균충(지역균형 + 기생충)' 같은 섬뜩한 표현이 나도는 것도 그런 제도가 특혜이고 역차별이라는 생각이 깔려 있기 때문입니다. 이제는 그런 그릇된 시선을 거둬들이고 좀 더 넓은 시야로 이 문제를 바라봐야 합니다.

백인 학생들이 흑인보다 점수가 높은 이유는 개인의 능력보다 사회경제적 배경의 차이가 더 결정적 요소로 작용하기 때문이라고 합니다. 미국에서 사회적 약자를 위한 특별전형 제도를 도입한 것도 제각기 처지가 다른 학생들의 출발선을 최대한 비슷하게 맞춰 주기 위해서입니다. 약자들에게 교육 기회를 제공하는 것이 단순한 배려가 아니라 사회적 의무임을 보여 주는 사례라고 할 수 있습니다.

미국 대학입학 자격시험인 SAT에 응시자의 사회경제적 배경을 고려한 '역경 점수'가 도입된다. SAT를 관장하는 대학위원회는 학생 거주 지역의 범죄율과 빈곤 수준 등 15개 요인을 기준으로 역경 점수를 산정해 SAT에 반영하겠다고 발표했다. 대학위원회는 "수년간 소득 불평등이 시험 결과에 미치는 영향을 우려했다"며 "SAT에 반영된 부의 불평등을 무시하거나 손놓고 보고 있을 수 없다"고 도입 배경을 설명했다.

(서울경제 2019. 05. 17)

'기울어진 운동장'이라는 표현이 있습니다. 그런 운동장에서는 공정한 게임이 불가능하겠지요. 애초에 출발선이 다른 상황에서 정의로운 결과를 기대하기는 어렵습니다. 약자를 위한 입시제도는 기울어진 운동장을 바로잡기 위한 사회적 시도입니다. 모든 학생들은 편평한 운동장에서 공평하게 출발할 권리가 있습니다.

'배려'가 결코 나쁜 말은 아닙니다. 그러나 교육은 배려가 아닌 '권리'의 차원에서 바라봐야 합니다. 사회배려자 전형이 사회적 약자들의 권리를 위해 도입된 제도인 만큼, 그 이름도 취지에 맞게 고쳐 나가면 좋겠습니다. 적합한 말을 만들기 위한 노력 또한 좋은 사회를 만드는 과정의 일부입니다. 우리가 무심코 던지는 말들이 누군가의 가슴을 멍들게 할 수 있습니다.

"중도탈락"과 "학교 부적응"

_____ 탈락이 아니라 삶의 전환일 뿐

'SKY'로 상징되는 국내 최고 대학에 갔지만 '중도탈락'하는 학생들이 매년 1000명에 달하는 것으로 나타났다. 14일 교육부 대학정보공시 시스템 대학 알리미에 따르면 작년 서울대, 연세대, 고려대의 중도탈락 학생은 1196명으로 나타났다. 전체 재적 학생(7만 4784명) 대비 중도탈락 학생 비율은 1.6%로 거의 2%에 달했다. 국내 최고 명문에 입학한 학생들 가운데 50명 중에 1명꼴로 대학을 포기한다는 뜻이다. 'SKY' 대학의 중도탈락 학생은 매년 꾸준히 나타나고 있다. 2017년에는 1238명으로 작년보다 많았고 재적 학생 대비 비율도 1.7%로 조금 더 높았다. 2013년 이후 매년 1000명

가까이 나타나면서 그 숫자도 매년 꾸준히 유지되는 편이다.
(서울경제 2019. 03. 14)

위 기사는 우리나라 대학생들이 학교를 그만두는 경우가 적지 않음을 보여 줍니다. 최고 명문으로 꼽히는 대학들이 이 정도니까 그렇지 않은 대학들은 더하겠지요.

중·고등학교 역시 마찬가지입니다. 자료를 찾아보니 전국에서 매년 3만 명이 넘는 청소년들이 학교를 그만두고 있다고 하는군요. '중도탈락'은 이처럼 학업 도중에 학교를 그만두는 것을 가리키는 용어로 널리 쓰입니다.

사전에서 '탈락'을 찾아보면 '특정한 범위에 들지 못하고 떨어지거나 빠짐'이라 나와 있습니다. 그러니까 중도탈락은 학교라는 울타리에 적응하지 못하고 벗어난 학생들, 학생이라는 사회적 지위에 속하지 못하고 빠져나온 아이들을 말합니다. 학교를 그만두는 이유는 다양하며 그걸 꼭 부정적으로 볼 필요도 없습니다. 그러나 '탈락'이란 말은 매우 부정적인 어감을 갖고 있어서, 그 학생들이 뭔가 문제가 있는 것처럼 여겨지게 만듭니다.

학교는 무조건 다녀야 하는 절대적인 곳이 아닙니다. 자신의 꿈을 펼치기 위한 길이 오로지 학교 안에만 있는 것도 아닙니다. 이런 의미에서 중도탈락보다는 '중도 전환' 같은 표현이 적합하지 않을까요? 자신의 꿈을 찾는 과정에서 누구나 여러 차례 삶의 전환을 경험하기 마련이고, 학교를 벗어나는 것도 그중 하나일 테니까요.

실제로 북유럽에는 전환학교라는 것이 있습니다. 덴마크의 '애프터 스쿨(after school)'이 대표적이지요. 중학교를 마친 학생들이 1년 동안 자신이 하고 싶은 것들을 마음껏 해 보면서 미래를 탐색하는 시간을 갖습니다.

여러분 중에는 중학교 때 자유학기제를 경험해 본 친구들이 꽤 있을 텐데요. 한 학기 동안 시험을 보지 않고 동아리, 예술, 체육, 진로 활동을 중심으로 교육과정이 운영됩니다. 시험에서 벗어나 자신의 꿈과 진로를 고민해 보는 학기입니다. 이 자유학기의 모델이 바로 애프터 스쿨 같은 전환학교입니다.

뭔가 긍정적이고 미래지향적인 느낌을 주는 '전환'과 비교해 보면 '탈락'이라는 말이 얼마나 부정적인지 금세 알 수 있습니다. 게다가 중도탈락이라는 말에는 끝까지 완주하지 못하고 중간에 낙오했다는 힐난까지 섞여 있지요. 그 연장선상에서 중도탈락과 곧장 연결되는 말이 하나 있습니다. 다름 아닌 '학교 부적응'입니다.

학교생활에 어려움을 겪는 학생들은 늘 있게 마련입니다. 성적이나 친구관계 때문에 학교 가기 싫어하는 학생들도 많고, 요즘엔 이주노동자의 자녀들처럼 새로운 문화에 적응하기 힘들어하는 학생들도 늘어나고 있습니다. 이런 학생들에 대해 얘기할 때

'학교 부적응'이라는 표현이 종종 쓰이곤 합니다.

학교 부적응은 학교의 규범이나 질서 또는 생활에 적응하지 못한다는 뜻입니다. 이 말에 의하면 학생은 학교에 무조건 적응해야 하는 수동적 존재가 되고, 학교 부적응의 원인은 온전히 학생의 몫으로 귀결되고 맙니다. 학교는 전혀 문제가 없는데 학생들의 태도에 문제가 있다는 식이지요. 학교의 책임을 회피하는 무책임하고 비교육적인 시선입니다.

학교는 학생을 받아들이고 가르치는 교육적 책무를 갖습니다. 학생들의 즐거운 배움과 만족스러운 학교생활을 위해 많은 것을 준비해야 하고, 교사들도 전문성을 키우기 위해 끊임없이 노력합니다. 요즘 학생들의 가치관이나 태도는 예전과 많이 다르고, 배움의 내용과 교육의 방향 역시 빠르게 변화하고 있습니다.

이런 상황에서 뭔가 '부적응'이 발생한다면, 학생이 학교에 적응하지 못하는 측면만큼 학교가 학생에게 적응하지 못하는 측면도 있지 않을까요? 학교가 정해 놓은 틀에 학생들이 무조건 맞춰야 한다는 사고방식은 바뀌어야 합니다. 학교에 적응하지 못하는 학생을 탓하기 전에, 학교가 과연 최선을 다해 학생들에게 적응하고자 노력했는지 저 자신부터 스스로를 뒤돌아봐야 할 것 같습니다. 이것은 누구를 교육의 중심에 놓고 생각하느냐의 문제이기도 합니다.

학교의 시각에서 보면 학생이 학교에 적응하는 게 당연한 것처럼 보입니다. 대부분의 조직들이 이런 관점을 갖고 있습니다. 그러나 학생을 중심에 놓고 본다면 얘기가 전혀 달라집니다. 학교는 학생을 위해 존재합니다. 학생들이 학교를 위해 존재하는 게 아닙니다. 그렇다면 당연히 학생을 중심에 놓고 생각해야 합니다.

저는 학교에서 어려운 문제에 부딪히면 늘 학생의 관점에서 고민했습니다. 아이들의 입장이 되어 보면 생각보다 쉽게 고민이나 갈등이 풀리곤 했지요. 그것은 교사로서 학생들에게 조금씩 적응해 가는 과정이기도 했습니다. 학생에게 '학교 부적응'이라는 꼬리표를 붙이는 건 쉽지만, 그렇게 해서는 아무것도 해결하지 못합니다.

사회현상의 원인을 제대로 찾고 합리적으로 해결하려면 관점도 중요하지만 어떤 말을 선택하고 사용할 것인지도 그에 못지않게 중요합니다. 전환기에 들어선 청소년들을 더 이상 중도탈락자라고 불러서는 안 되며, 학교의 책임을 외면한 채 일방적으로 학생들을 탓해서도 안 됩니다. 어른들이 바뀌지 않더라도 여러분이 먼저 그런 말을 거부해야 하고, 무엇보다도 스스로를 탓하지 말아야 합니다.

"양성평등"

——————————— 성의 스펙트럼은 두 개로 국한되지 않는다

미국의 시사저널 〈타임〉은 매년 12월에 '올해의 인물'을 선정해서 발표합니다. 지금까지 선정된 인물들 중엔 세상에 긍정적인 영향을 준 사람뿐 아니라 히틀러 같은 악당도 있습니다. 영향력이 가장 중요한 기준이기 때문이지요. 때로는 사람 대신 컴퓨터 같은 기계가 선정되기도 합니다.

위 사진은 2017년에 〈타임〉이 '침묵을 깬 사람들'이라는 타이틀과 함께 선정한 올해의 인물입니다.

여러 여성들의 얼굴이 보이네요. 누구일까요? 여러분도 많이 들어 알고 있을 '미투(me too)' 운동에 참여한 사람들입니다. 표지에 실린 여성들을 포함한 불특정 다수가 선정된 것이지요. 미국에서 미투 운동의 시작은 세계적인 영화제작자 하비 와인스틴의 성폭력에 대한 여배우와 여성 스태프들의 폭로였습니다. 지금까지 알려진 피해 여성만 100명이 넘는다고 합니다.

그렇게 촉발된 미투 운동은 우리나라에서도 들불처럼 이어졌습니다. 문화예술계와 교육계 등 다양한 분야에서 추악한 성폭행과 성추행의 증언들이 쏟아지기 시작합니다. 용기를 낸 피해 여성들의 증언에 대해 몇몇 가해자들이 억울하다고 항변하거나 소송을 걸기도 했지만, 그럴수록 그동안 억눌려 있던 분노가 더 거세게 불타오르는 것 같습니다.

미투 운동이 사회적으로 큰 관심을 불러일으키자 학교에서 양성평등을 포함한 성교육을 강화해야 한다는 의견이 많이 나왔습니다. 물론 학교가 그런 교육을 안 했던 건 아닙니다. 그럼에도 불구하고 사회적으로 성과 관련된 문제들이 끊이지 않으니, 이참에 교육 내용을 강화하거나 방향을 전환해야 한다는 주장이 힘을 얻게 된 것이지요.

예전에 특정 성에 대한 편견과 차별, 성추행과 성폭력 등에 대한 교육은 '남녀평등'이라는 지향점 아래 진행되었습니다. 그러다가 "왜 항상 남자가 앞에 나오느냐"는 문제제기가 나오면서

'남녀'가 아닌 '양성'으로 명칭이 바뀌게 됩니다. 그렇게 시작된 양성평등 교육이 지금까지 이어지고 있지요.

말의 순서를 바꾸는 게 무슨 의미가 있느냐, 성적 불평등을 해결하는 것이 더 중요하지 않느냐는 반론도 물론 가능합니다. 하지만 이 책에서 계속 강조하고 있듯이, 말의 변화는 사회문제를 해결하고 변화를 앞당기는 마중물이 될 수 있습니다. 이런 측면에서 볼 때 남녀평등이 양성평등으로 바뀐 것은 분명 의미 있는 일입니다. 평등의 가치에 부합하는 인권 친화적 표현이라고 할 수 있지요.

그런데 '양성'이라는 표현에 대해서도 문제를 지적하는 사람들이 늘어나고 있습니다. 인간의 성을 남성과 여성으로만 한정해서는 안 되며, 양성평등이 아닌 '성 평등'이 올바른 용어라는 것입니다.

사실 이 문제는 사회적으로 매우 민감하고 논쟁적인 주제입니다. 판단은 각자의 몫이지만, 논점이 무엇인지에 대해서는 한번쯤 살펴볼 필요가 있을 것 같습니다.

우리나라는 2015년에 역사적으로 매우 의미 있는 법률을 공포합니다. '양성평등 기본법'이 그것이지요. 이 법에 '양성평등'에 대한 법적 정의가 나와 있습니다. 양성평등은 '성별에 따른 차별, 편견, 비하 및 폭력 없이 인권을 동등하게 보장받고 모든 영역에 동등하게 참여하고 대우받는 것'입니다(제3조). 이 법이 시행되면서 '양성평등'은 우리 사회의 보편적인 용어로 자리 잡게 됩니다.

그런데 이 말을 영어로 표기하면 뉘앙스가 약간 달라집니다. 성별 차이를 이야기할 때 생물학적 성을 뜻하는 '섹스(sex)'와 사회문화적 성을 뜻하는 '젠더(gender)'를 구분한다는 건 다들 아시겠지요. 평등이라는 사회적 권리에 대해 얘기할 때는 sex 대신 gender를 사용합니다. 즉, 양성평등은 'gender equality'입니다. 직역하면 '성 평등'이 됩니다. 우리와 달리 성의 종류를 명시하지 않습니다.

생물학적으로 여성과 남성의 차이는 분명합니다. 남녀에게 맞는 역할이 따로 있다는 전통적인 성 역할론의 근거이기도 하지요. 그런데 이는 생물학적 성을 바탕으로 사회적 성을 차별하는 결과를 가져옵니다. 이런 차별이 잘못이라는 것에는 대부분의 사람들이 동의하는 것 같습니다. 물론 이것도 받아들이지 않는 사람들이 여전히 있기는 하지만요.

그런데 한발 더 나아가 성을 남성과 여성으로만 구분할 수 없다는 주장이 등장합니다. 성 소수자들의 입장이 반영된 주장이라고 할 수 있지요. 성 소수자는 레즈비언(Lesbian, 여성 동성애자), 게이(Gay, 남성 동성애자), 바이섹슈얼(Bisexual, 양성애자), 트랜스젠더(Transgender, 성전환자)의 머리글자를 따서 'LGBT'로 표기합니다. 하지만 실제로는 그보다 훨씬 다양한 집단들이 존재하고 있고, 인원도 생각보다 훨씬 많다고 합니다. 남과 여는 단지 다수일 뿐, 인간 성의 전부는 아니라는 것이지요.

여기서 잠깐, 2020년 초에 사회적 관심을 불러일으켰던 트랜스젠더 관련 기사 두 개를 소개하겠습니다.

> 육군 현역 부사관이 휴가 중 성전환 수술을 한 뒤 '여군으로 복무하고 싶다'는 의사를 밝혀 전역 심사를 받게 됐다. 현행 법령에는 남성으로 입대한 자의 성전환 후 계속 복무에 대한 규정이 별도로 존재하지 않는다. 16일 육군에 따르면 경기도의 한 부대에 복무 중인 부사관 A씨는 지난해 휴가를 내고 외국에서 성전환 수술을 받은 뒤 복귀했다.
> 육군은 성전환자의 계속 복무 여부는 국민적 공감대 형성이 필요한 사안으로 보인다며 입법과 제도 개선을 통해 정책적으로 다뤄야 할 필요가 있다고 강조했다. 그러나 군 인권센터는 이날 기자회견을 열고 "한국군 최초의 성전환 수술, 트랜스젠더(MTF) 부사관(하사)의 탄생을 환영한다"고 밝혔다.
> (뉴스위치 2020. 01. 16)

남성에서 여성으로 성전환 수술을 받은 트랜스젠더 여성이 국내 최초로 여대에 합격했다.

숙명여자대학교는 지난해 성전환 수술을 받은 트랜스젠더 B(22)씨가 최근 2020학년도 입학전형에서 법과대학에 최종 합격했다고 30일 밝혔다. B씨는 2020학년도 대학수학능력시험을 앞둔 지난해 10월 법원에서 성별 정정을 허가받은 것으로 알려졌다. 이에 주민등록번호 뒷자리의 첫 숫자가 '1'에서 '2'로 바뀌며 여대에 지원하는 데에는 절차상 문제가 없어졌다.

B씨는 "성전환 수술을 받고 주민등록번호를 바꾼 트랜스젠더도 당당히 여대에 지원하고 합격할 수 있다는 것을 보여주고 싶었다"라고 얘기했다. (UPI뉴스 2020. 01. 30)

두 사례의 주인공 A와 B는 꿈을 이룰 수 있었을까요? 아닙니다. B는 온갖 비난에 시달리다가 끝내 입학을 포기했습니다. A는 군에서 강제전역을 당했고, 고통스러운 나날을 보내다 2021년 3월 극단적인 선택을 하게 됩니다.

우리나라엔 트랜스젠더를 포함한 성 소수자의 인권과 관련된 법과 정책이 제대로 마련되어 있지 않습니다. 편견과 차별, 혐오로부터 그들을 지켜 줄 최소한의 장치도 존재하지 않는 상황입니다. 그러다 보니 2021년에 들어서만 극작가 이은용, 음악교사 김기홍, 그리고 군인 A까지 세 명의 트랜스젠더들이 극단적인 선택을 하고 말았습니다.

씩씩한 여군으로 살고 싶었다는 A. 그의 이름은 변희수입니다. 아래 기사는 변희수 씨의 죽음에 대한 국가인권위원회의 입장을 잘 보여 주고 있습니다.

> 국가인권위원회가 극작가 이은용, 음악교사이자 정치인 김기홍, 군인 변희수를 애도하며 평등법(차별금지법) 제정을 촉구했다. 인권위는 31일 '트랜스젠더 가시화의 날'을 맞아 최영애 위원장 명의의 성명을 내고 "존재를 드러내기 위해 용기를 내야 한다는 것 자체가 차별적 현실"이라며 이같이 밝혔다.
>
> 인권위는 방송과 미디어도 "트랜스젠더를 우리 사회의 동등한 구성원으로 다루기보다 비극적 존재나 편견의 대상으로 다뤄, 고정관념과 차별을 강화한다"고 덧붙였다. 최근 시민사회를 중심으로 트랜스젠더를 위한 의료 체계가 논의되는 등 성 소수자의 건강권에 대한 관심이 높아지고 있다는 점과 함께 "성소수자에 대한 차별뿐 아니라 모든 형태의 차별 금지를 위한 평등법 제정을 요구하고 있다"는 점을 강조했다.
>
> (프레시안 2021. 03. 31)

생물학적 성과 사회적 성을 둘러싼 논쟁은 매우 치열합니다.

이 논쟁은 양성평등과 성 평등이라는 용어 논쟁으로 이어집니다. 전통적인 성 구분과 역할을 강조하는 쪽에서는 '양성평등'을, 성별 규범은 사회화를 통해 후천적으로 습득된다고 주장하는 쪽에서는 '성 평등'이라는 용어를 선호합니다. 여기에는 성 소수자를 바라보는 시각의 차이도 반영되어 있습니다. 성 소수자의 권리를 옹호하는 입장에서는 '양성'이라는 표현을 받아들이기 어렵지요. 인간의 성은 두 개로 국한되지 않는다고 보기 때문입니다.

남녀평등이 양성평등으로 바뀌고 다시 성 평등이라는 새로운 표현이 등장하는 과정을 보면 현실과 언어가 얼마나 밀접하게 관련을 맺고 있는지 새삼 느낄 수 있습니다. 성 소수자 인권 운동의 확대라는 사회적 배경이 없었다면 지금과 같은 용어 논쟁은 생겨나지 않았겠지요. 이 논쟁의 승자는 과연 누가 될까요? 어떤 말이 사라지고 어떤 말이 살아남을까요? 여기에서는 다만, 인권은 누구에게나 소중하며 인간은 스스로의 존재를 남에게 입증하거나 인정받을 필요가 없다는 평범한 진리를 강조하고 싶습니다.

이 사진은 유럽의 어느 화장실 표

지판입니다. 우리나라와는 다르지요. 대부분의 화장실이 여성용과 남성용으로 구분되는데, 이 사진을 보면 사람을 꼭 그렇게 구분하라는 법은 없는 것 같습니다. 세상에는 여성과 남성으로 구분하기 어려운 사람이 존재하기 때문입니다. 우린 그동안 그들을 애써 무시하고 때론 혐오의 시선을 보내기도 했지요.

〈해리포터 시리즈〉로 유명한 엠마 왓슨은 2014년 UN 연설에서 페미니즘은 남성과 여성의 정치적·경제적·사회적 평등을 의미한다고 주장하면서 다음과 같은 메시지를 전달합니다. 우리 모두 이 말을 되새겨 보면 좋겠습니다.

"이제는 모두가 성을 극단적인 두 지향점이 아닌 다양한 관점이 공존하는 스펙트럼으로 볼 때입니다. 우리는 서로를 '무엇이 아닌가?'로 정의하는 것을 그만두고, 서로가 '무엇인가?'로 정의하기 시작해야 합니다."

"치매"와 "조현병 범죄"

환자에 대한 모욕과 편견

최근에 방영된 드라마 두 편을 여러분에게 소개하고 싶습니다. 〈바람이 분다〉와 〈눈이 부시게〉입니다. 둘 다 치매 환자와 가족 이야기지요. 〈바람이 분다〉에서 치매를 앓는 주인공은 노인이 아니라 젊은 남자입니다. 그리고 〈눈이 부시게〉는 시청자 모두를 깜짝 놀라게 만드는 반전과 함께 큰 울림을 주었던 드라마입니다.

치매를 소재로 한 드라마는 매우 이례적입니다. 치매 환자의 가족으로 살아가는 것은 너무나 힘들고 고통스러운 일이어서 드라마의 소재로 삼기가 쉽지 않지요. 그러나 두 드라마는 그런 가슴 아픈 이야기를 매우 진솔하게 감동적으로 그려 내고 있습니다.

2018년 기준으로 우리나라의 치매 환자는 65세 이상 인구의 10%가 약간 넘는 75만 명에 이른다고 합니다. 2024년에는 100만 명이 넘을 것으로 예상하고 있습니다. 굉장히 많은 숫자지요. 드라마 주인공처럼 젊은 치매 환자도 있지만 대부분은 노인들입니다. 고령화사회의 어두운 그늘이라고나 할까요.

치매는 대뇌 질환 등의 이유로 인지능력이 저하되는 현상을 말합니다. 일단 기억력에 문제가 생기고, 주변 현상에 대한 이해능력도 떨어지게 되지요. 심해지면 과거의 기억을 깡그리 잃고 가족마저 못 알아보게 됩니다. 그러다 보니 '어리석을 치(癡)'와 '어리석을 매(呆)'를 써서 '치매'라고 부르게 된 것 같습니다.

그런데 그 이름에 좀 문제가 있다는 생각이 들지 않나요? 치매 환자의 75%를 차지하는 알츠하이머 병은 뇌의 신경세포에 문제가 생겨 발생하는 신경정신계 질환이며 장애입니다. 환자나 장애인을 가리켜 어리석은 사람이라고 말하는 것은 올바르지 않습니다. 기억력과 인지능력이 떨어져 일상생활에 어려움이 있다면 적극적으로 도와줄 일이지, 어리석다고 비난할 일은 아닙니다.

'치매'는 환자의 자존감을 짓밟는 모욕적 표현이며 치료에 나쁜 영향을 끼칠 수 있습니다. 효과적인 치료를 위해서도, 그리고 인권을 존중하는 차원에서도 이 질병의 이름은 수정되어야 합니다. 일본에서는 '치매'가 경멸적 표현이라는 이유로 2004년부터 '인지증(認知症)'이라는 용어를 쓰고 있습니다. 홍콩에서는 '뇌 퇴

화증', 대만에서는 '실지증(失知症)'이라 부릅니다. 증세를 표현하는 의학용어의 느낌이 강하지요. 한자 문화권에서 치매라는 병명을 계속 사용하는 나라는 우리나라와 중국뿐입니다.

질병은 환자뿐 아니라 가족들에게도 큰 고통입니다. 특히 치매로 인한 고통은 어쩌면 환자보다 가족들이 더할지도 모릅니다. 당사자는 기억이 사라지기 때문에 모를 수 있지만, 가족은 그 모든 걸 기억해야 하고 받아들여야 하기 때문입니다. 건강한 사회라면 환자의 고통과 함께 가족의 고통에도 공감할 줄 알아야 합니다. 부정적인 병명을 바꾸는 일이 그 출발점이 될 수 있습니다.

치매가 바뀌어야 할 병명이라면 조현병은 이미 바뀐 병명의 대표적 사례입니다. 예전에는 '정신분열증'이라고 부르다가 표현이 너무 부정적이라는 지적에 따라 조현병으로 바뀌었지요. '조현(調絃)'은 현악기의 줄을 고른다는 뜻인데, 뇌신경에 이상이 생겨 조율되지 않은 악기처럼 혼란스럽다는 의미에서 그런 이름을 붙였다고 합니다.

이 병을 앓는 환자들은 예측할 수 없는 이상 행동을 보일 때가 많습니다. 그러다 보니 가족이나 주변 사람들에게 피해를 주는 경우가 종종 발생합니다. 특히 2019년에 조현병 환자와 관련된 사건·사고가 유난히 많았던 것으로 기억합니다. 수십 명의 사상자를 낸 방화 사건이나 고속도로 역주행 사건 등이 모두 조현병 환자에 의해 일어났지요. 허술한 환자 관리가 도마에 올랐고, 이런 사건의 재발을 막기 위한 다양한 방법들이 논의되기도 했습니다.

문제는 언론에서 그 사건들을 뭉뚱그려 '조현병 범죄'라고 불렀다는 점입니다. 조현병에 대한 사회적 관심을 높이는 긍정적 측면도 없지는 않았겠지만, 그런 표현이 조현병 환자에 대한 편견을 강화할 가능성 또한 간과해서는 안 됩니다. 조현병에 대한 막연한 공포심은 환자들에 대한 혐오와 배제로 이어질 수밖에 없기 때문입니다.

2016년 대검찰청 자료에 의하면 조현병 같은 정신장애인의 범죄율은 0.1%에 불과합니다. 정신장애인이 아닌 사람들의 범죄율 1.4%에 비하면 매우 낮은 수치라 볼 수 있지요. 그럼에도 불구하고 '조현병 범죄'라는 용어는 약 50만 명으로 추정되는 조현병 환자들에게 잠재적 범죄자라는 멍에를 씌우게 됩니다.

인권에 공감하는 정도를 나타내는 인권 감수성은 저절로 생겨나지 않습니다. 타인의 입장에서 공감하기 위해서는 특별한 노력과 배움이 있어야 합니다. 학교에서 가르치는 교육목표 중 하나가 바로 공감 능력을 키우는 일이기도 합니다. 장애인이나 환자에 대한 이해 역시 마찬가지입니다. 나이가 들면 저절로 알게 되는 게 아닙니다. 학교와 가정과 사회에서 제대로 가르치고 제대로 배워야 합니다. 그 과정에서 꼭 필요한 것이 바로 적절한 언어입니다.

전 호주 인권위원 브라이언 버드킨은 정신장애인에 대한 대표적인 편견 세 가지를 다음과 같이 꼽고 있습니다. "장애인은 극소수이고 위험하고 회복할 수 없다." 물론 실제로는 그렇지 않습니다. 장애인은 생각보다 훨씬 많고, 대부분은 위험하지 않으며, 완치까지는 아니더라도 얼마든지 좋아질 수 있습니다.

몇 년 전에 TV에서 〈주문을 잊은 음식점〉이라는 방송 프로그램이 화제를 모은 적이 있습니다. 치매 환자들이 음식점에서 서빙을 하는 이야기인데요. 당시 치매 노인들과 함께 생활했던 어느 출연자의 말이 가슴에 깊이 박혔습니다. 자기가 그동안 갖고 있던 편견을 한마디로 이렇게 정리하더군요.

"제가 섣불렀구나 싶었죠."

그가 치매 환자에 대해 그렇게 느꼈듯, 조현병에 대해서도 섣부른 판단을 거둬들일 필요가 있습니다. 조현병은 예비 범죄자의 이름이 아니라 치료되어야 할 질병일 뿐입니다. 언론에서 '조현병 범죄'라 불렀던 사건들은 대부분 질병 자체보다는 치료가 제대로 이루어지지 않아 발생한 것이라고 합니다.

정신분열증이라는 용어를 조현병으로 바꾼 것은 환자에 대한 사회적 편견을 극복하기 위한 의미 있는 시도였습니다. '조현병 범죄'는 그런 노력에 찬물을 끼얹는 표현이지요. 그런 사건을 사전에 막고 환자들에게 적절한 치료를 제공하기 위해서라도, 혐오가 담긴 부적절한 표현을 삼가야 하겠습니다.

다음은 드라마 〈눈이 부시게〉의 주인공이었던 치매 환자의 마지막 대사입니다.

"오늘을 살아가세요. 눈이 부시게. 당신은 그럴 자격이 있습니다. 누군가의 엄마였고, 누이였고, 딸이었고 그리고 나였을 그대들에게."

기억을 잃어도, 혹은 정신을 잃어도 여전히 존엄한 인간인 환자들을 위해, 그리고 그 가족들을 위해, 우리가 쓰는 말들을 다시 생각해 봤으면 좋겠습니다.

"중2병"

_____ 공감과 소통을 가로막는 호칭

2016년 5월 17일 서초동 노래방의 남녀공용 화장실에서 일어난 살인 사건은 여성 혐오 범죄인가 아닌가를 놓고 격렬한 사회적 논쟁을 불러왔습니다. 그때까지만 해도 '혐오 범죄'라는 말이 낯설게 느껴졌지요. 하지만 최근엔 우리 사회를 '혐오 사회'라 할 정도로 특정 집단이나 대상을 혐오하는 말들이 난무하고, 심지어 범죄로까지 이어지고 있는 실정입니다.

된장녀, 오크녀, 노인충, 틀딱충, 맘충, 한남충, 사배충…. 특정 성이나 연령, 혹은 사회적 약자를 혐오하는 말들이 유령처럼 세상을 떠돌아다니고 있습니다. 차이와 다름을 인정하지 못하고 연대와 소통이 부재한 우리 사회의 부끄러운 민낯입니다. 요즘

232

흔히 쓰이는 '중2병'이라는 말 또한 같은 맥락에서 들여다볼 필요가 있습니다.

요즘 청소년들은 기성세대의 눈으로 보면 이해하기 힘든 부분이 많습니다. 특히 중학생들은 더더욱 난해한 존재로 받아들여집니다. 그래서 등장한 말이 '중2병'입니다. 이해하기 어렵고 다루기 힘든 까다로운 중학생을 가리키는 말이지요.

비슷한 말로 '고3병'이 있습니다. 대학입시를 앞둔 고등학생의 신체적·정신적 증후군을 뜻하는 말로, '입시 지옥'의 실상이 반영된 일종의 사회병리 현상이라고 할 수 있지요. 이 말에는 입시에 시달리는 수험생들에 대한 안타까움과 측은함이 담겨 있지만, 중2병은 좀 다른 것 같습니다. 아이들에 대한 연민이 아니라 단지 어른들의 불편함을 드러내는 단어에 불과하다는 게 저의 생각입니다.

오죽하면 '병'이라는 표현까지 썼을까 싶기도 하지만, 그것이 문제를 덮어 주지는 않습니다. 제일 큰 문제는 그 연령대 청소년들의 특성을 이해하려 들지 않고 무작정 '병'이라고 단정 짓고 있다는 점입니다. 그 병의 증세는 대충 이렇습니다. 자기만 생각한다, 나대기 좋아한다, 관심 받고 싶어 한다, 속을 알 수 없다, 말을 안 듣는다, 제멋대로다 등등.

사실 그건 자연스러운 현상입니다. 중학생은 신체적으로나 정신적으로 폭풍 성장하는 아름다운 사춘기, 인생의 봄을 살고 있습니다. 한창 자의식이 성장하는 시기이기도 하지요. 그래서 어른들이 이해하기 힘든 모습을 보이기도 합니다. 성장 과정에서 필연적으로 나타날 수밖에 없는 그런 특징들을 어떻게 병으로 치부할까요?

병은 생물체의 기능에 이상이 생겨 정상적인 활동이 이루어지지 않는 상태를 뜻합니다. '중2병'이라는 말 속에는 학생들의 상태가 정상이 아니라는 전제가 깔려 있습니다. 농담 삼아 하는 표현이라고 가볍게 여겨서는 안 됩니다. 성장기 청소년들의 자연스러운 특징을 병으로 여기는 순간 공감과 소통은 단절되고, 통제와 처벌이라는 극약 처방이 내려지기 쉽습니다.

변화의 시기를 보내고 있는 청소년들에게는 더 세심한 관심과 배려가 필요합니다. 어른의 시각이 아닌 당사자들의 시각에서 말입니다.

양치기 소년 이야기 다들 아시지요? 거짓말을 하면 안 된다는 교훈이 담긴 우화입니다. 그런데 조금 다른 각도에서 보면, 소년이 왜 그런 거짓말을 했는지에 대해서는 아무도 관심이 없었다는 걸 알 수 있습니다. 처음에 뛰어 올라온 어른들 중 한 명이라도 소년의 말에 귀 기울였다면, 소년의 마음을 이해하고 그가 하고 싶은 말을 듣고자 했다면 이야기의 결말은 달라지지 않았을까요?

어른들의 입장에서는 청소년들이 이상할 수 있습니다. 세상을

보는 눈이 다르니까요. 청소년들은 한 명 한 명이 모두 온 세상과 같습니다. 자기만의 생각이 있고 철학이 있으며 다른 사람과 구분되는 온전한 삶이 있게 마련입니다. 이렇게 소중한 존재를 너무 쉽게 이렇다 저렇다 단정하는 것은 일종의 '나이주의'이며 어른들의 횡포입니다. 나이건 권력이건, 자신의 우월성을 바탕으로 상대를 쉽게 판단하는 행위는 반드시 편견과 차별로 이어지게 됩니다.

어떤 집단을 획일적으로 판단하면 개별적인 삶과 가치가 흙먼지처럼 사라질 수 있습니다. 우리가 가장 쉽게 저지르는 잘못들 중 하나는 특별한 사례를 마치 전체가 그런 것처럼 일반화시키는 것입니다. 일반화의 오류이기도 하고 평균의 함정이기도 하지요. 세상에 평균적인 사람은 없습니다.

강의 평균 수심이 1미터라고 할 때, 어떤 곳은 1미터보다 훨씬 깊을 수도 있습니다. 그걸 무시하고 무작정 건너다간 물에 빠질 수 있지요. 학급의 평균 점수가 올랐어도 점수가 떨어진 학생은 존재할 수 있습니다. 평균이 학급 아이들의 상황을 온전하게 보여 주지는 않습니다. 평균값을 기준으로 교육정책을 만들면 소외되는 학생들이 생길 수밖에 없습니다.

'중2병'은 공감과 소통을 가로막는 그릇된 표현입니다. 그렇게 싸잡아 부르는 순간 학생들 각자의 삶은 무시되고, 평균적으로 문제가 있는 집단으로만 남게 됩니다. 누군가의 존재를 무시하는 건 그 사람의 인권을 침해하는 것과 같습니다. 이제 중학생들에 대한 이해와 존중을 담은 새로운 호칭이 필요하지 않을까요? 30년간 중학생들을 가르쳐 온 어느 교사의 책 제목처럼 말입니다.

박미자 선생님이 쓴 그 책의 제목은 『중학생, 기적을 부르는 나이』입니다.

"용병"과 "태극전사"

'본격적인 귀성 전쟁의 시작'

'점점 치열해지는 입시 전쟁'

'실전 문제로 수능에 대비해야'

'이번 선거 최고의 격전지'

'○○○ 의원, 법안 통과의 총대를 메다'

주변에서 쉽게 볼 수 있는 기사 제목들입니다. 얼핏 봐도 뚜렷한 공통점이 있지요. 하나같이 전쟁과 관련된 단어가 사용되고 있다는 점입니다.

우리가 일상적으로 사용하는 전쟁 용어들은 굉장히 많습니다.

화약고, 저격수, 부대, 무적함대, 군단, 불패, 패잔병, 고지 점령 등등 일일이 헤아릴 수가 없을 정도입니다. 이런 말들이 정치, 사회, 경제, 문화, 교육 등 거의 모든 분야에서 쓰이고 있습니다. 여기에서는 그중 스포츠 분야에 대해서만 살펴볼까 합니다.

2021년 프로야구 개막전 보도를 보니 다섯 경기 선발투수들 중 유일한 '토종' 투수 맞대결이 소개되어 있네요. 나머지 경기의 선발투수는 모두 '용병'이라고 합니다. 야구뿐 아니라 다른 종목에서도 국내 리그에서 활동하는 외국인 선수를 그렇게 부르지요. 이 말이 왠지 불편하게 느껴집니다.

용병이란 '일정한 보수를 받고 고용된 병사'를 말합니다. 특히 외지 출신들을 가리키는 경우가 많지요. 기원전 13세기 고대 이집트의 람세스 2세가 1만여 명의 용병을 고용했다고 하니 용병의 역사는 매우 오래되었네요. 그 뒤로도 많은 국가들이 막대한 돈을 들여서 용병을 고용해 전쟁을 치렀습니다. 이유는 분명합니다. 자기 나라 국민들을 징집할 때의 반발을 줄일 수 있고, 전투력이 강한 용병을 앞세우면 전쟁에서 승리할 가능성도 높아지기 때문이지요.

승리가 지상과제인 프로 경기에서 실력 있는 외국인 선수를 뽑는 건 얼마든지 가능합니다. 그러나 그 선수들을 굳이 전쟁에 나서는 병사에 빗댈 필요가 있을까요?

용병뿐만이 아닙니다. 신문 스포츠면을 보면 '융단폭격' '십자포화' '초토화' 같은 살벌한 표현들이 끝도 없이 나옵니다. 사용된 단어들만 봐서는 대체 그곳이 경기장인지 전쟁터인지 분간이 안 될 정도입니다.

스포츠에 전쟁 용어가 자주 등장하는 건 상대방과 싸워서 이겨야 한다는 공통점 때문인 것 같습니다. 하지만 전쟁과 스포츠는 근본적으로 다릅니다. 스포츠에는 공정한 규칙이 존재하고, 선수들은 규칙을 준수하면서 선의의 경쟁을 펼칩니다. 경기가 끝난 뒤에는 승패를 떠나 악수하고 격려의 박수를 보내기도 합니다. 그러나 전쟁에는 공정한 규칙 따위는 없습니다. 수단과 방법을 가리지 않는 잔인한 폭력이 있을 뿐입니다.

전쟁의 폭력성과 반인권성은 새삼 강조할 필요가 없겠지요. 지난 세기 두 차례의 세계대전이 인류에게 준 엄청난 피해와 고통을 잊어서는 안 됩니다. 우리 역시 한국전쟁의 아픔을 겪었고, 남북이 갈라져 있으며, 종전이 아닌 휴전 상태입니다.

전쟁을 직접 겪어 봤다는 것이 전쟁 용어에 너그러운 이유가 될 수는 없습니다. 오히려 말에 대해서 더더욱 엄격해야 합니다. 수많은 사람들이 전쟁으로 목숨을 잃었던 나라에서 전쟁 용어들을 아무렇지도 않게 사용해서는 안 됩니다. '용병'이라는 말은 스포츠를 전쟁으로 여기고 경기장을 전쟁터에 비유한다는 점에서 인권 감수성이 결여된 표현입니다. 인권 친화적인 전쟁은 존재할 수 없기 때문입니다.

국가대표 선수들을 가리키는 '태극전사'라는 말도 비슷합니다. 아시다시피 전사(戰士)는 전투하는 병사를 뜻하는 말이지요. 전쟁터에 나가는 각오로 최선을 다해 국가의 명예를 드높이라는 의미인 것 같습니다.

전사는 국가를 지키고 국민의 생명을 지키기 위해 목숨을 거는 존재입니다. 운동선수에게 그런 부담과 압박을 가해도 괜찮을까요? 실제로 선수들이 큰 경기에서 느끼는 압박감은 상상을 초월할 정도라고 합니다. 물론 이기면 더할 나위 없지만 스포츠는 기본적으로 즐기는 게임인데, 금메달을 따지 못해서 펑펑 우는 선수를 보면 마음이 아픕니다. 은메달도 너무나 훌륭한데 저렇게 서러워할까 하는 생각이 들 때도 있습니다. 어쩌면 우리가 너무나 큰 압박을 줘서 그런 게 아닐까 싶기도 합니다.

스포츠는 이념과 국경을 뛰어넘고 승패까지도 뛰어넘는 우호와 협력의 도구입니다. 전쟁에서 패배는 죽음을 의미하기 때문에 군인들은 목숨을 걸고 적과 싸웁니다. 그러나 스포츠는 전쟁이 아니고 상대 선수 역시 무찔러야 할 적이 아닙니다. 국가의 명예도 좋고 국위선양도 좋지만 운동선수에게 전쟁터 군인 같은 정신이나 행동을 요구할 수는 없는 일입니다. 선수가 전사가 되어야 할 이유는 없습니다. 나도 모르는 사이에 경기장을 전쟁터로 만들어 버리는 말은 선수나 관중 모두에게 해로울 뿐입니다.

스포츠에 스며든 전쟁 용어들은 국가주의와 군사문화의 결합이라 볼 수 있습니다. 히틀러와 나치는 올림픽을 선전 도구로 이용했고, 많은 독재자들이 권력 유지의 수단으로 스포츠를 이용해 왔습니다.

우리나라 또한 과거 군사정권들이 국민들의 정치적 불만을 차단하고 눈길을 다른 곳으로 돌리기 위해 스포츠를 적극 활용했지요. 운동 경기(특히 국제대회)에 과도한 의미를 부여하고 자극적인 표현들을 남발함으로써 온 국민이 승패에 연연하게 만들었습니다. 경기장을 뒤덮고 있는 전쟁 용어들은 바로 그런 역사의 산물입니다. 군사정권이 역사 속으로 사라지고 시대가 바뀌었는데도 언어는 여전히 과거에 머물러 있는 것이지요.

워낙 그런 표현에 익숙하다 보니 스포츠뿐 아니라 다른 일들도 곧잘 전쟁에 비유되곤 합니다. 입시도 전쟁이고 취업도 전쟁이고, 심지어 이젠 결혼까지도 전쟁이라고 하네요. 우리의 삶이 그만큼 치열하고 각박하다는 뜻이겠지요.

이제 삶도 스포츠도 너무 쉽게 전쟁에 비유되는 건 아닌지 돌아봤으면 합니다. 그런 표현들로 인해 우리 사회가 더 각박해지고 살벌해지는 건 아닌지, 타인에 대한 공감과 배려에 인색하고 오히려 서로를 적대시하는 건 아닌지 자문해 봐야 합니다. 말은 현실을 토대로 생겨나지만 한편으론 말에 의해 현실이 더 단단하게 굳어 버리기도 하니까요.

　욕을 하는 게 왜 나쁠까요? 욕을 하는 순간 상대방에 대한 존중은 사라집니다. 온라인에서 폭력적인 말을 쉽게 쓰다 보면 오프라인에서도 폭력에 무뎌질 수 있습니다. 우리가 쓰는 말은 그렇게 우리의 삶을 민감하게도 만들고 무디게도 만듭니다. 전쟁 용어 또한 마찬가지여서 우리를 폭력에 둔감한 사람으로 만들기도 하고 호전적인 사람으로 만들기도 합니다. '폭격'이라는 말을 쓰지 않고도 얼마든지 스포츠를 즐길 수 있고, '전사'라 부르지 않고도 얼마든지 국가대표 선수들을 응원할 수 있습니다.

"내가 해 봐서 아는데"
: 꼰대들의 철 지난 레퍼토리

"Latte is horse."

다들 익숙한 문장이지요? 어른들이 걸핏하면 꺼내는 "나 때는 말이야"라는 말을 영어식으로 비꼬아 표현한 것입니다. 이렇게 자신의 경험을 절대적 기준으로 삼고 강요하는 권위적인 어른을 '꼰대'라 부릅니다.

꼰대들이 자주 하는 말이 또 있습니다. "네가 뭘 안다고 그래?" "감히 내가 누군지 알고" "내가 왕년에는" 등등. 하지만 왕년의 경력을 떠벌리는 사람치고, 또는 자기 주위에 잘나가는 사람 많다고 으스대는 사람치고 내실 있는 사람을 본 적이 없습니다.

꼰대들은 "내가 해 봐서 아는데"라는 말도 즐겨합니다. 내가 군대를 다녀와서 아는데, 내가 현장에 오래 있어 봐서 아는데, 내가 미국에 가 봐서 아는데, 내가 좀 놀아 봐서 아는데 등등. 뭔가를 경험해 봤다는 사실 자체가 일종의 권위처럼 작동하는 거지요. 나이가 들수록 '꼰대 지수'가 높아지는 이유이기도 합니다.

인생에서 겪은 다양한 경험은 좋은 공부이고 재산입니다. 젊은이들에게 가능하면 다양한 경험을 많이 쌓으라고 권하는 것도 그런 이유 때문이지요. 여행도 가 보고, 이런저런 도전도 해 보고, 때로는 실패도 경험해 봐야 합니다. 책을 많이 읽는 것도 간접 경험이 될 수 있습니다. 그 모든 것들이 소중한 배움의 기회가 되니까요.

문제는 바로 여기에서 발생합니다. 경험에 대한 절대적인 신뢰가 자칫 눈을 가려 버릴 수 있다는 것이지요. 세상을 지혜롭게 살아가려면 열린 자세가 반드시 필요합니다. 그런데 경험이라는 울타리에 둘러싸이는 순간, 열린 자세가 아닌 폐쇄적인 사고와 행동에 갇혀 버리기 쉽습니다. 그런 걸 우린 고정관념, 또는 편견이라고 부릅니다.

"내가 해 봐서 아는데"라는 말은 경험에 대한 맹신에서 비롯됩니다. 남들은 모른다는 것을 전제로 하는 오만함의 표현이기도 하고, 자기만이 유일하게 옳다고 생각하는 권위주의적 태도이기도 합니다.

권위는 나쁜 것이 아니지만 권위주의는 바람직하지 않습니다. 권위는 사회적으로 인정받고 영향력을 행사할 수 있는 긍정적인 힘입니다. 반면 권위주의는 그 힘을 빌미로 복종을 강요하는 것이기 때문에 전혀 의미가 다릅니다. 꼰대들이 아랫사람이나 젊은 사람을 무시하는 것은 전형적인 권위주의에 해당합니다. 경험하지 않았으면 입 다물라는 독단과 강요의 표현인 셈이지요.

꼰대들의 이런 특성은 곧바로 '갑질'로 이어집니다. 다음은 어느 신문의 기사 내용입니다.

행정안전부는 지난 8월 13~21일 중앙행정기관과 지방자치단체 공무원 3천6명을 대상으로 설문조사를 진행한 결과를 17일 발표했다. 설문에는 1960~70년대생 '시니어 공무원' 1천196명과 1980~2000년대 출생 '주니어 공무원' 1천810명이 참여했다.

조사 대상 주니어 공무원의 89.2%는 경직된 사고와 권위적 태도를 보이는 상관이나 어른을 지칭하는 이른바 '꼰대'가 자신의 회사에 있다고 답했다. 가장 흔하게 볼 수 있는 꼰대 유형으로는 과거 경험만 중시하고 세대별 차이를 무시하는 '라떼는 말이야형'(50.7%)과 상명하복을 강요하는 '군대 조교형'(23.9%)이 꼽혔다. 가장 싫은 꼰대 유형은 본업과 무관한 개인적 심부름을 시키는 등의 '갑질 오너형'(32.0%)이었고 '군대 조교형'(28.2%)과 '라떼는 말이야형'(24.7%) 등이 뒤를 이었다.

(연합뉴스 2020. 11.17)

갑질은 상대적으로 높고 유리한 위치에 있는 사람이 자신의 지위를 이용해 자신보다 낮은 위치의 사람에게 부당한 행위를 하는 것을 말합니다. '갑(甲)'은 뭔가의 순서나 등급을 매길 때 첫 번째를 가리키는 말로 사용되며 그 뒤가 '을(乙)'입니다. '갑-을-병-정'으로 이어지는 천간(天干)의 순서에서 따온 말이지요. 그래서 뭔가 계약을 할 때 우위에 있는 쪽을 갑, 상대방을 을이라 표현합니다. 갑이 우월한 힘을 이용해서 횡포를 부리면 을은 그걸 피하거나 막아 낼 방법이 없습니다.

"내가 해 봐서 안다"는 말은 갑질의 시작입니다. 유리한 위치에 있는 강자가 불리한 위치의 약자에게 자기 경험을 강요하는 것이기 때문입니다. 반대나 비판은 일체 허용하지 않지요. 막무가내로 자기 생각만 관철시키려 하고 상대에 대한 존

중은 찾아볼 수 없습니다. 그래서 함부로 대하게 됩니다. 이렇듯 약자에 대한 무시와 강요의 근거가 되는 말이기 때문에 때로는 무섭기까지 합니다.

혹시라도 여러분들이 약간의 나이 차이나 경험 차이를 내세워 후배들을 무시하는 일이 없기를 바랍니다. 나이 든 사람들 중에 꼰대가 많긴 하지만, 모든 꼰대들이 다 나이가 많은 건 아니니까 말입니다. 갑질은 서열과 위계가 존재하는 모든 곳에서 발생할 수 있으며, 청소년들 또한 예외가 아니라는 사실을 꼭 기억하기 바랍니다.

『90년생이 온다』라는 책이 있습니다. 지은이는 90년생의 특징으로 세 가지를 얘기합니다. 간단하고 재미있고 정직하다는 것이지요. 그렇다면 기성세대는 그와 반대로 복잡하고 재미없고 거짓투성이인 사람들인가 싶어서 뜨끔합니다.

여러분에게 저를 포함한 기성세대는 어떤 존재인가요? 혹시 답답한 꼰대는 아닐까 걱정입니다. "내가 해 봐서 안다"는 말을 입에 달고 사는 어른들에게 젊은 세대들이 이렇게 외치고 있는 것만 같습니다. "이제 우리가 해 볼 테니 가만히 계세요"라고.